NZZ **Libro**

HELVETIA
BY NIGHT
ALESSANDRO
DELLA BELLA

VERLAG NEUE ZÜRCHER ZEITUNG

Inhalt

6 Vorwort
von Guido Magnaguagno

9 Bilder
von Alessandro Della Bella

180 Bildlegenden

186 Das Abenteuer Nacht – The Making of «Helvetia by Night»
von Alessandro Della Bella

190 Autoren

46°58'8.62"N / 8°38'13.14"E   Hinweis: Der Standort des Fotografen kann anhand der Koordinaten über Google Maps nachvollzogen werden.

Vorwort

Ist sie nachts noch schöner? Wenn man mit ihr das Land meint, die Schweiz, zeigt die allegorische Frauengestalt ihr Gesicht auch als Landschaft. Oder gar vor allem, steht diese doch gleichsam als Synonym für einen Idealtypus, gefeiert von den frühen englischen Malern, Schriftstellern und Reisenden auf der «grand tour», von Albrecht von Haller bis Goethe, verklärt von Calame und Diday, Segantini oder Hodler. Unsere Kleinmeister haben ihr ein helvetisches Aussehen gegeben, sie zeichneten, stachen oder malten den Rheinfall oder die Sturzbäche im Lauterbrunnental. Und diese auch nachts und bei Mondschein, und wie in der japanischen Kunst des Farbholzschnitts, gelten bei Hiroshige oder Hokusai die Szenen bei Schnee, Gewitter und einbrechender Dunkelheit als die kostbarsten. Die Nacht ist eine Attraktivität. Beileibe nicht die Schattenseite – eine Kehrseite des Tags, in der, widersprüchlich genug, manches im Antlitz rätselhaft neu erscheint.

Dieser verborgenen Schönheit ist der Fotograf Alessandro Della Bella auf der Spur. Nomen est omen. «Della bellezza» Helvetia.

Wenn wir uns für einen gemütlichen Abend einrichten, einen Sommertrunk mit Grillenmusik oder eine Runde am Kaminfeuer, zieht er los. Jetzt beginnt sein Tag, der die Nacht ist. Was für jeden Fotografen eine besondere Herausforderung bedeutet, was viel technische Perfektion voraussetzt. (Auch hierin wandelt er in der fabelhaften Tradition schweizerischer Fotopioniere: Emil Schulthess, Ernst A. Heiniger, Georg Gerster.) Tüftelei und Geduld. Als Kind der Berge zieht es unseren Nachtwanderer hinauf, und sei es nur auf Zürichs Üetliberg. Er liebt die einbrechende Dämmerung und das Morgengrauen und die ganze Zeitspanne dazwischen, wo sich ihm Geheimnisvolles offenbart, wo er dem Faszinosum des Lichts in der Dunkelheit so vollkommen erliegt wie ein Maler des 17. Jahrhunderts, Georges de la Tour, dem Kerzenlicht.

Diesen Lichtern habhaft zu werden, ihnen ein Bild abzugewinnen, das ist sein Programm. Er nimmt eine schwere Ausrüstung mit und oft ein Zelt. Die Kameras stellt er auf Stativen in Reihen auf oder lässt sie gar auf einer Art Laufsteg zirkulieren. Dann ist er wie eine mobile, provisorische Sternwarte, dann wartet er irgendwo oben, dass der Nachthimmel aufklart, der Mond erscheint oder ein Gewitter aufzieht. In der Zwischenzeit mag er sogar Wolken und Regen. Er muss sich gedulden und doch immer parat sein. Er schiebt Nachtwache. Er ist ganz Auge, wenn die ersten elektrischen Lichter einsetzen, was ja immer jene seltsame Verbundenheit evoziert, als wären wir alles friedliche Erdenbürger, die eigentlich dasselbe tun und mögen, und mit ebensolcher Aufmerksamkeit verfolgt er die aufscheinenden Lichter am Sternenhimmel.

Dieses Buch setzt mit einer Serie von Städtebildern ein, um vom Flachland und den grossen Seen den Betrachter in die höheren Regionen zu entführen, ja in den Kosmos, der nicht mehr helvetisch ist. Es ist der Weg der Erschliessung des uns umgebenden Raums, des Landschafts- und Weltraums. Mit vertrauten Augen wundern wir uns über die Lichtermeere unserer Städte, unsere durchelektrifizierte Zivilisation, die fast jede

Nachtecke zu erhellen weiss. Das ist ja längst zu einem Problem geworden, und Licht gilt dann als Schmutz. Die Nacht – das wäre dann Reinheit? Nicht mehr ganz erstaunt erfahren wir, dass die Lichter der Autos Bahnen zeichnen, als wären es Flugzeugspuren oder Sternschnuppen. Aufgefädelte Perlenschnüre oder doch Kriechbahnen der Luftverpestung? Dass aber auch das uns so scheinbar vertraute städtische Habitat Züge des Monströsen, geradezu Apokalyptischen hat und nicht allein der Poesie des lautlosen, friedlichen Eindämmerns gehorcht, das zeigen uns diese erstaunlichen Bilder der Schweizer Stadtnächte, die nicht dann zu Ende sind, wenn wir zu Bett gehen. Unser Lichterlöschen erst macht die Bahn frei für das nächtliche Wetterspektakel und die Himmelskörper.

So tauchen wir mit diesem Buch ein in die Wunder der Dunkelheit. Wie in Wellenbewegungen entführt und verführt es uns zu unbekannten, übers ganze Land verstreuten Orten und überlässt uns ihnen ohne Legenden. Ganz wie der Fotograf ausgesetzt, etwas einsam, aber hellwach. (Zum Trost: Ein Anhang gibt genauere Auskunft.) Wir sind also uns selbst überlassen, ganz wie es zur Nacht gehört, wir tasten uns suchend vorwärts, verweilen beim vermeintlich Bekannten wie in einer Schutzhütte und brechen zu neuen Wagnissen auf. Es ist voller Überraschungen, es ist ein Abenteuer, unser Helvetien.

Ganz besonders ganz oben. Etwa auf dem Gornergrat, wo man einmal im Leben doch stehen sollte, trotz aller Klischeevorstellungen. Gegenüber dem Berg der Berge überfällt den Betrachter schon tagsüber das Gefühl majestätischer Grösse, der Eindruck von Wunderwelt, und wenn nachts die Gestirne leuchten, muss dieses Gefühl richtig grenzenlos sein. Schon länger hat Alessandro Della Bella mit der Trickkiste des Zeitraffens gepröbelt, und spätestens hier, auf dem Silbertablett der Landschafts-Epiphanie, hat es ihren sprichwörtlichen Zenith erreicht. Die Sternenbahnen runden den Ort zur vollkommenen Schönheit, zur symbolhaften Metapher eines pantheistischen Welterlebnisses. Es ist Schweiz, es ist Helvetia «by night» – und ist Welt und Kosmos, und ein bisschen näher bei Gott.

Als ich jüngst an einem Sommerabend auf der Terrasse sinnend in Brissago sass und auf den uralten Bergrücken des Gambarogno hinüberstaunte, schlich sich der Vollmond über die Kuppe, und endlich hatte ich die Zeit und Ruhe und Geduld, seine Bahn bis zum Entschwinden zu verfolgen. Irgendwann glaubte ich physisch zu bemerken, dass ja auch wir und die Terrasse und ich sich bewegen, selbst das Glas auf dem Tisch. Also da segeln zwei Himmelskörper durchs All, dachte ich, und dann grübelte ich über dem Gewicht der Welt. Nicht dem metaphorischen für einmal – nein, dem realen. Was wiegt wohl dieser Gambarogno in etwa, nachdem ich am Nachmittag in gelben Kübeln Gartenerde transportiert hatte, und wie viel das Ganze, also unser Planet? Dann aber gab ich mich mit den freundlichen Lichtern von der andern Seeseite, mit dem Mondlicht-Spiegel im Lago Maggiore und den unzähligen fernen Sternen zufrieden.

Beim letzten Glas Wein fiel mir ein: Solches lehrt uns der Fotokünstler Della Bella.

Guido Magnaguagno

46°59'48.80"N / 8°22'51.05"E

46°25'3.73"N / 9°49'14.76"E

46°46'14.37"N / 8°25'24.08"E

47°14'57.12"N / 9°20'32.32"E

45°58'5.52"N / 8°59'29.94"E

46°53'38.04"N / 6°43'1.76"E

46°6'49.19"N / 8°50'3.16"E

45°58'5.52"N / 8°59'29.94"E

47°22'34.51"N / 8°32'50.03"E

46°59'48.80"N / 8°22'51.05"E

46°0'31.92"N / 8°58'49.56"E

← ← 46°47'22.26"N / 9°38'16.76"E
← 46°47'22.26"N / 9°38'16.76"E
47°22'34.51"N / 8°32'50.03"E

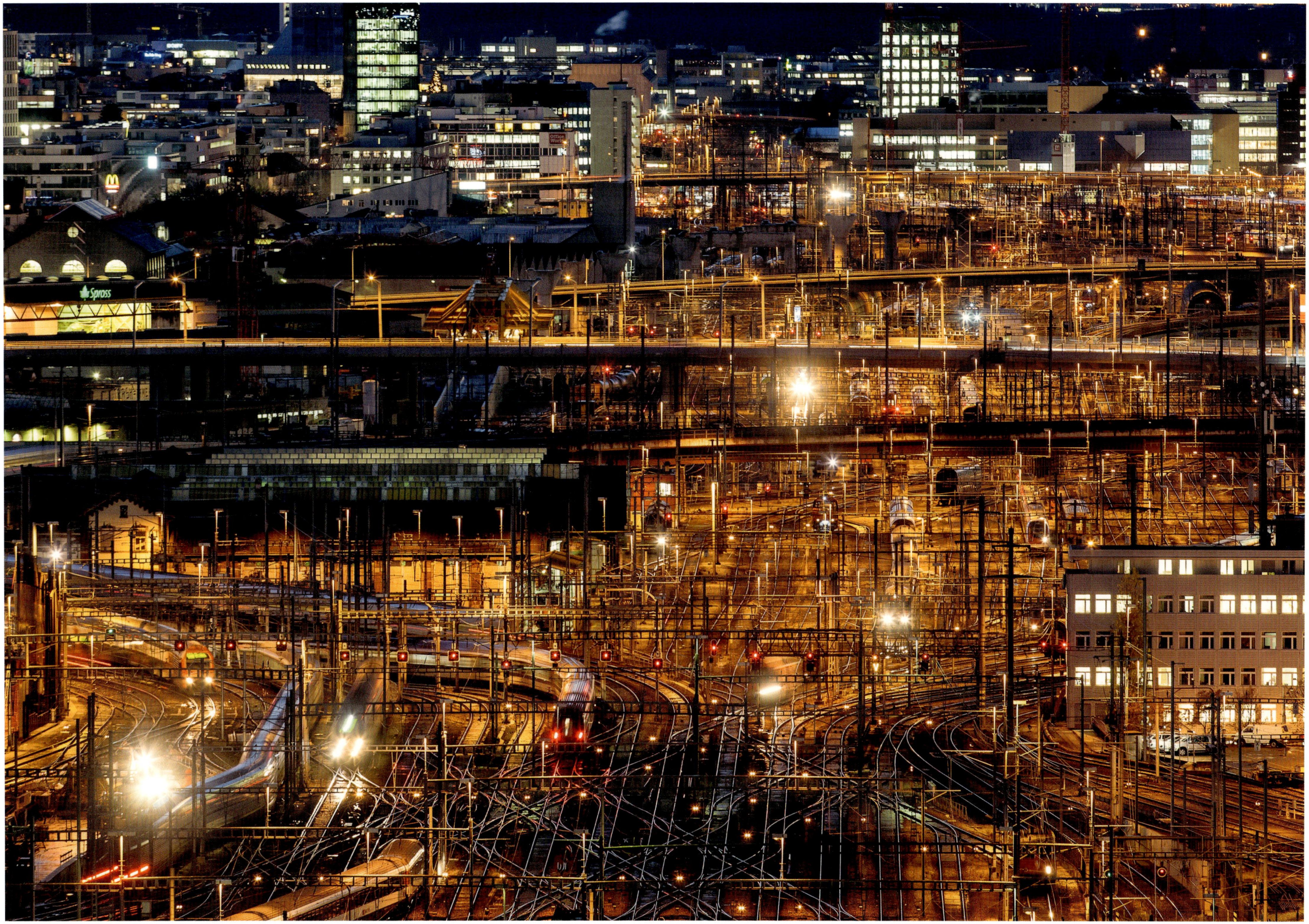
Spross

46°56'56.09"N / 7°25'46.12"E

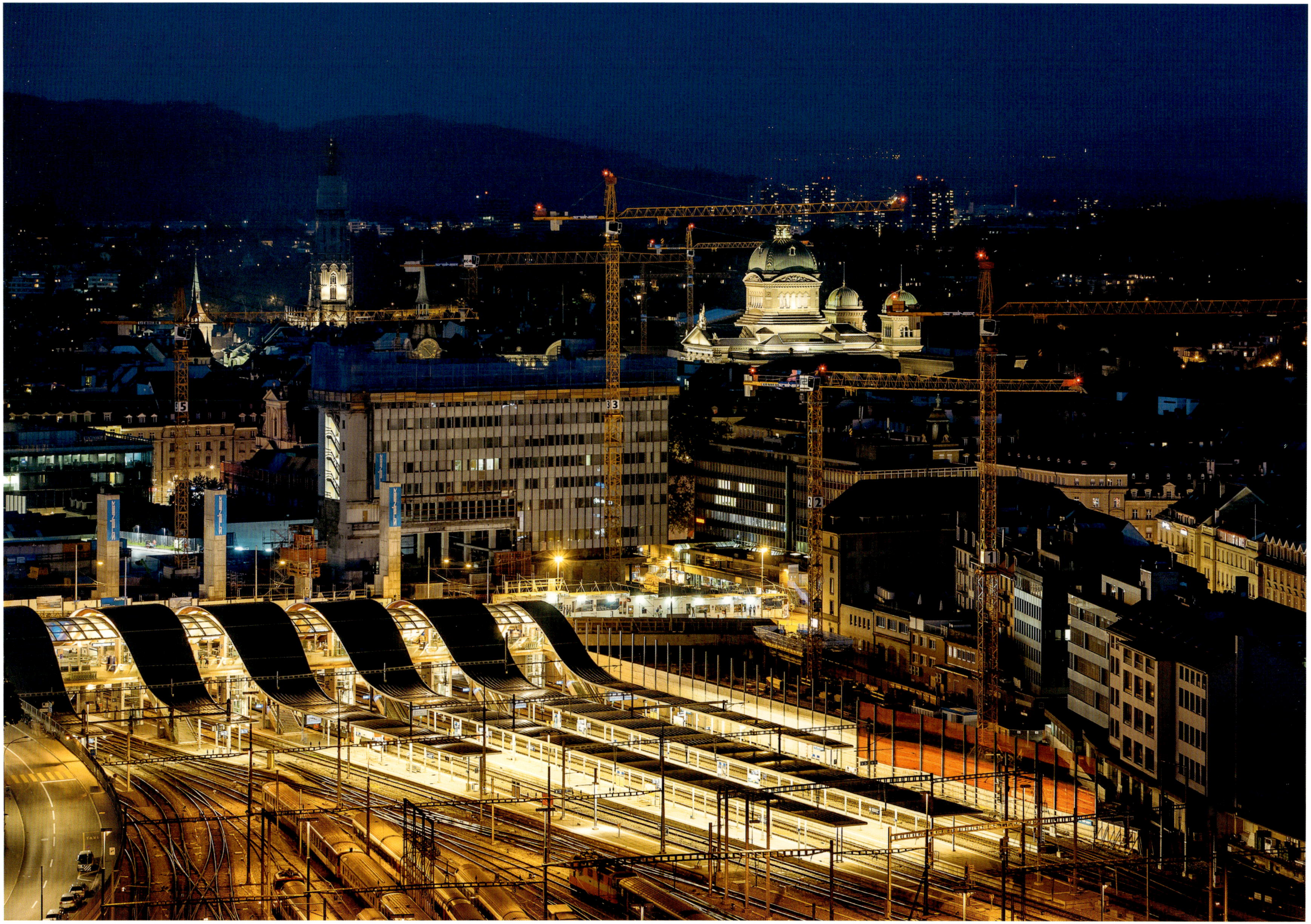

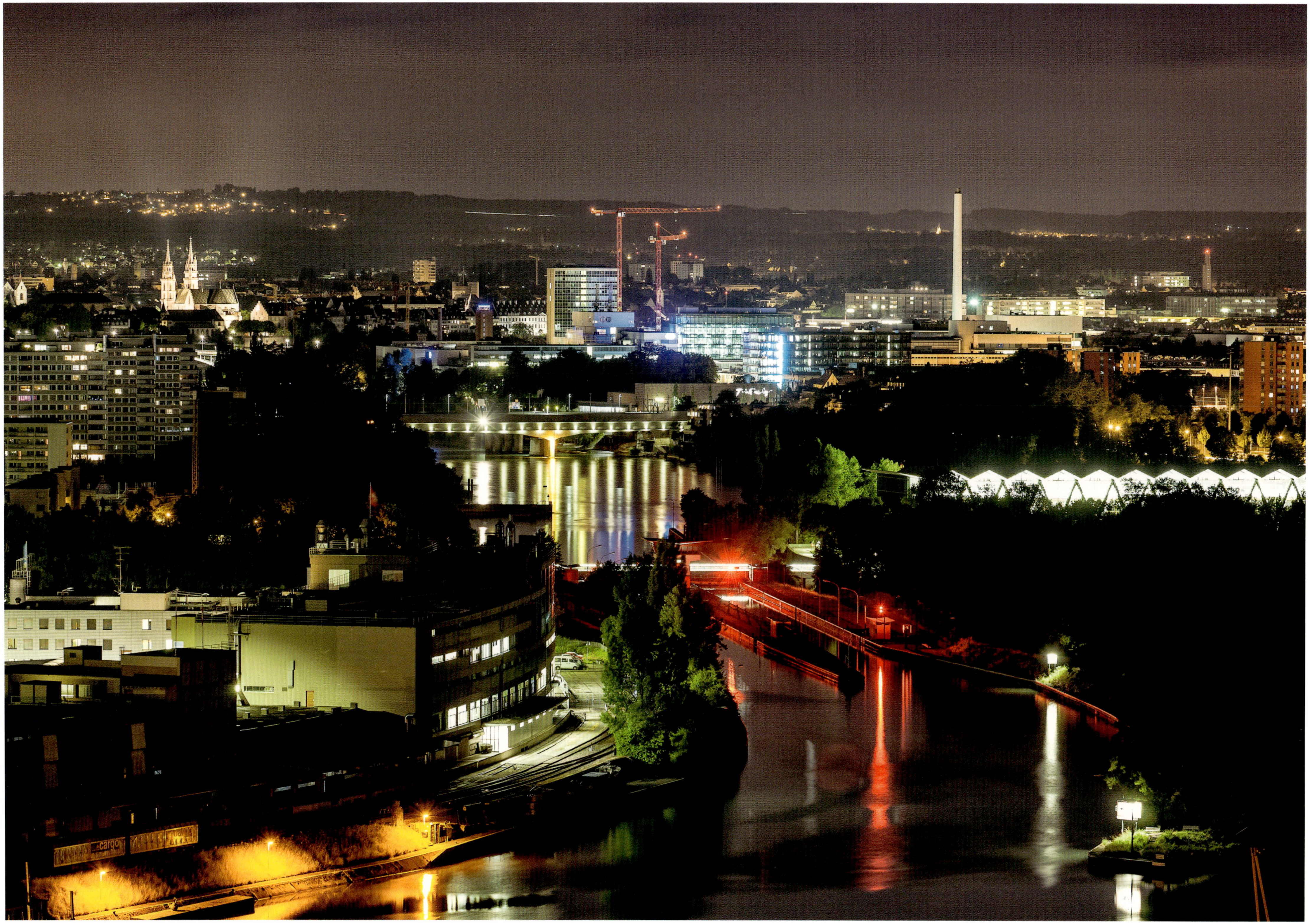

47°33'22.10"N / 7°35'44.61"E

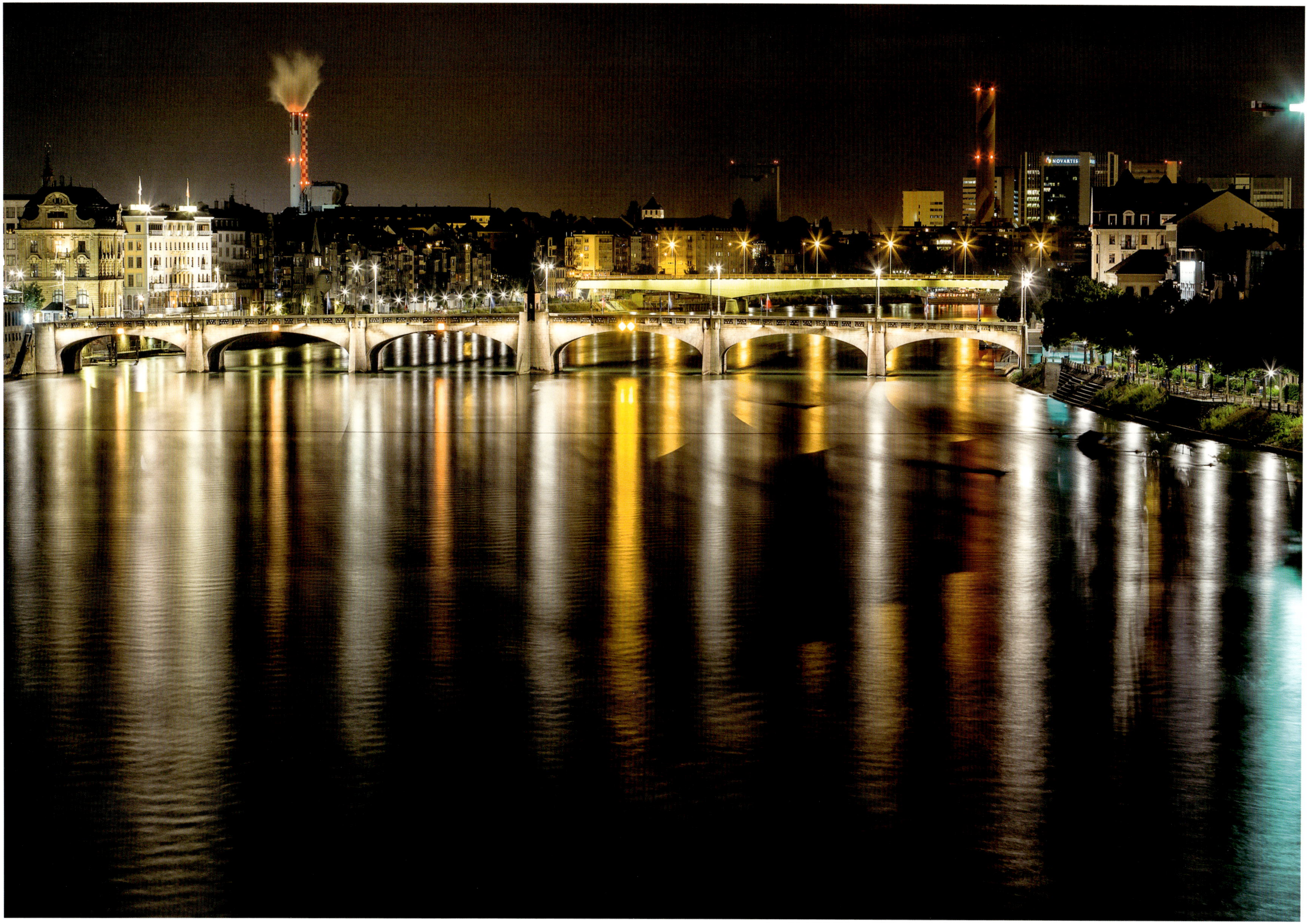
NOVARTIS

45°54'44.35"N / 8°55'50.15"E

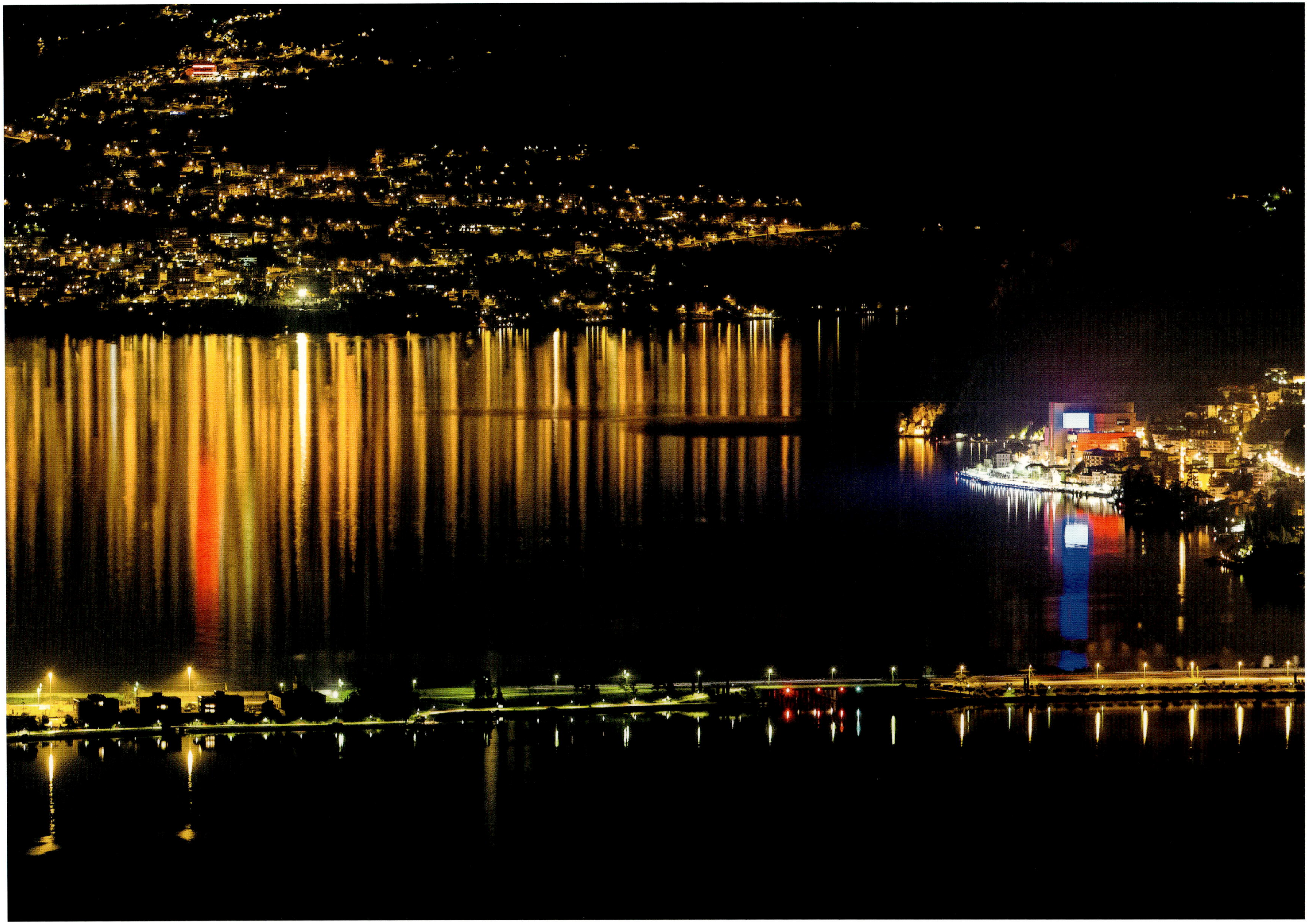

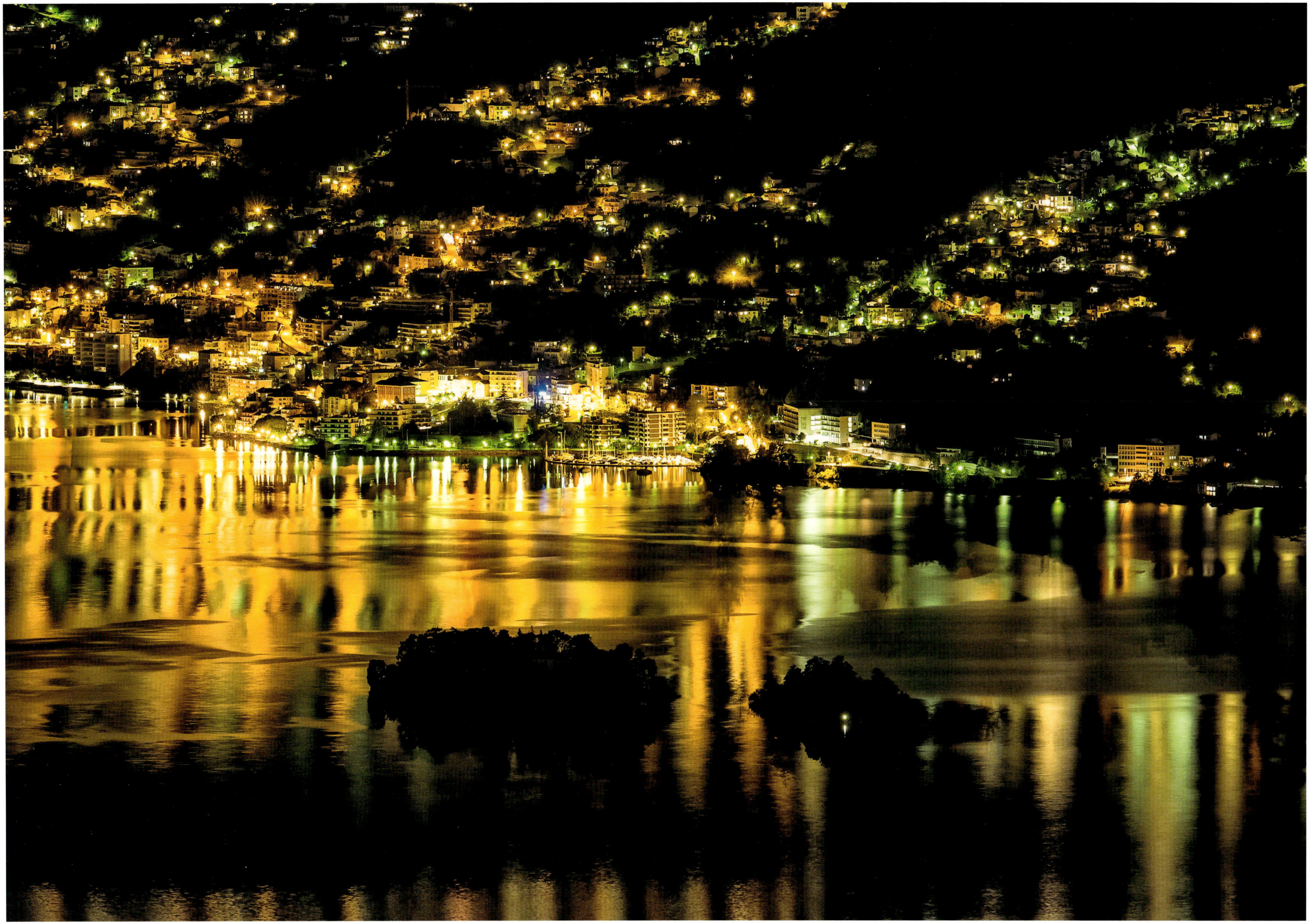

46°11'45.58"N / 8°51'48.27"E

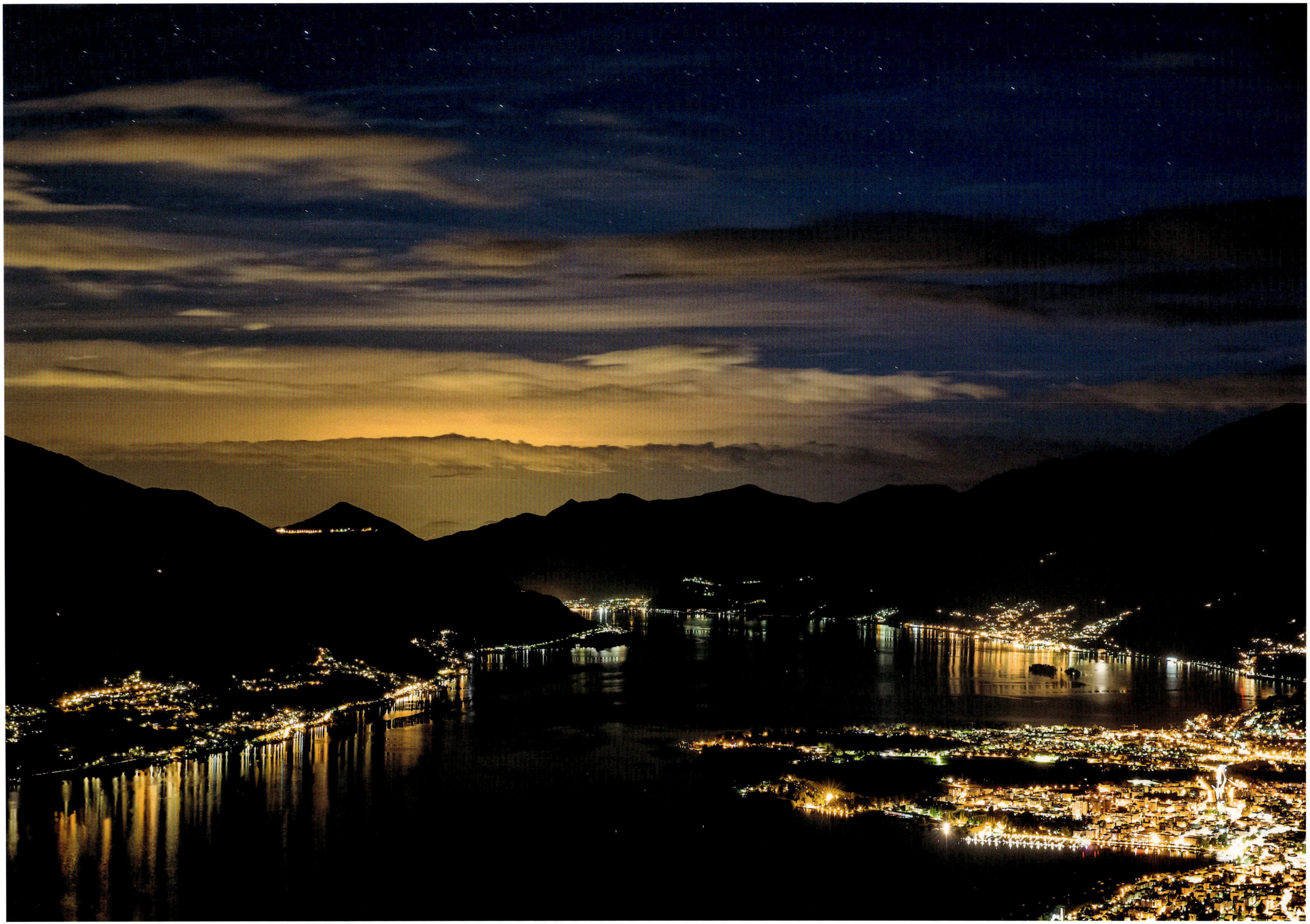

46°55'47.07"N / 8°20'24.72"E

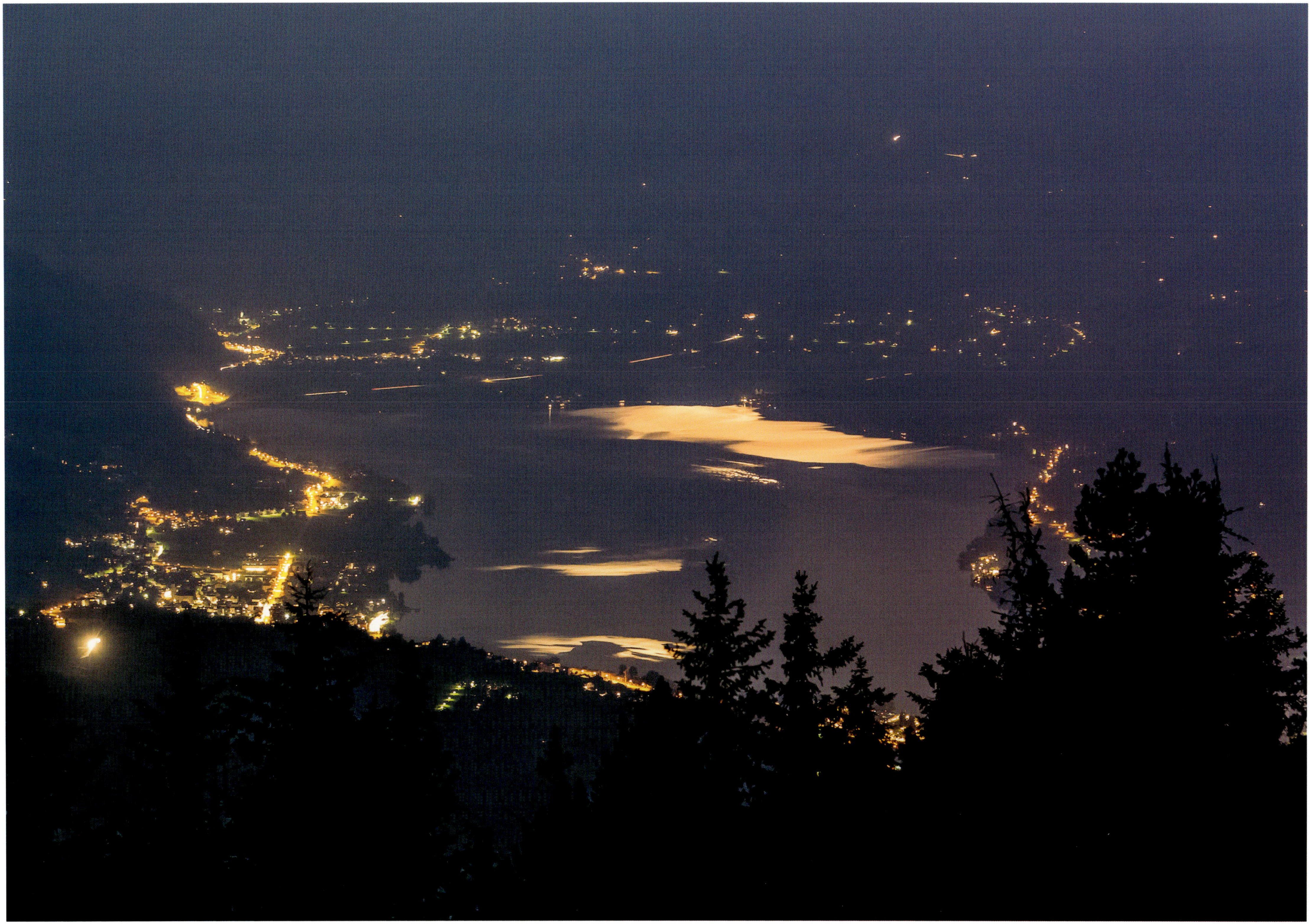

46°55'47.07"N / 8°20'24.72"E

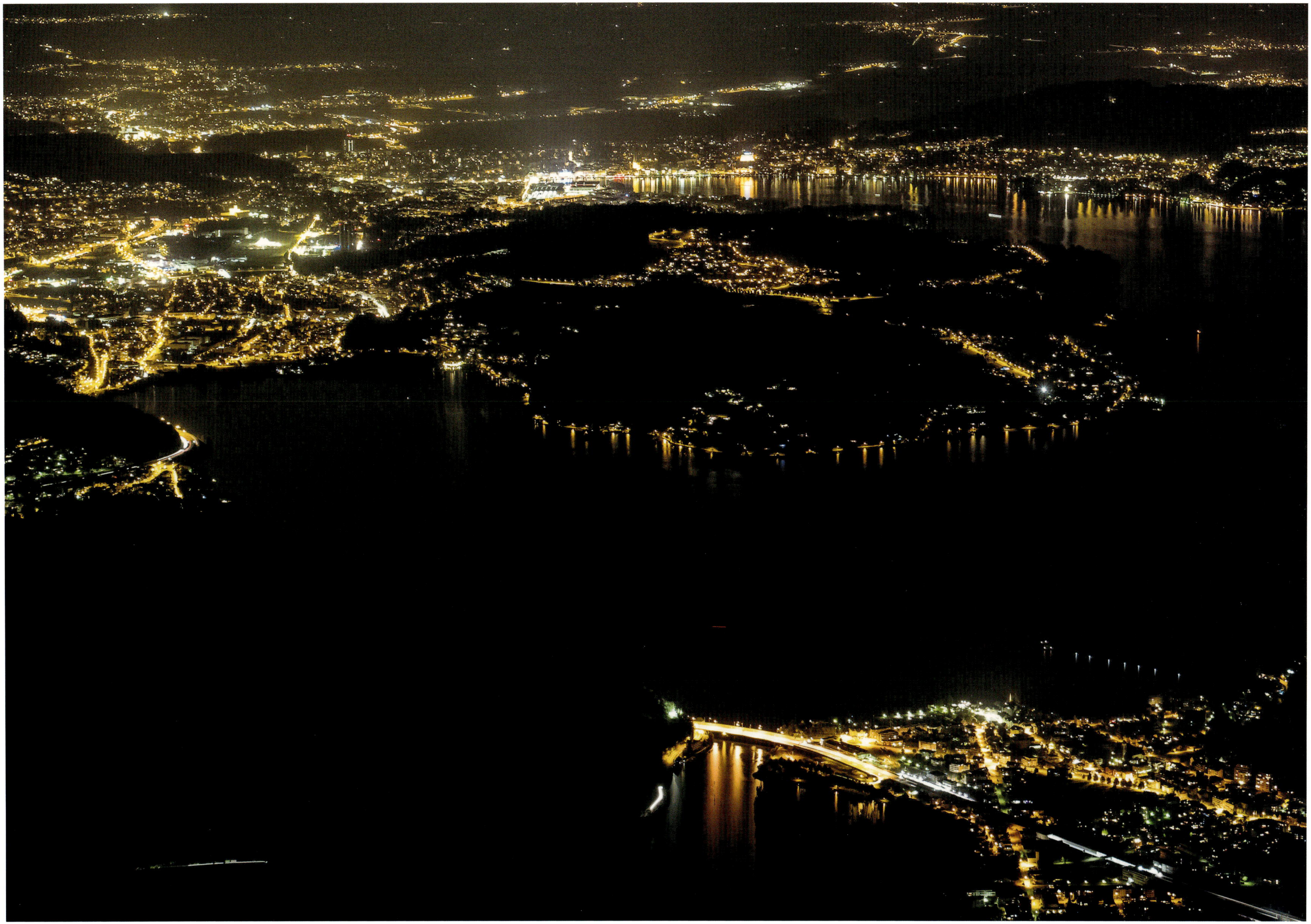

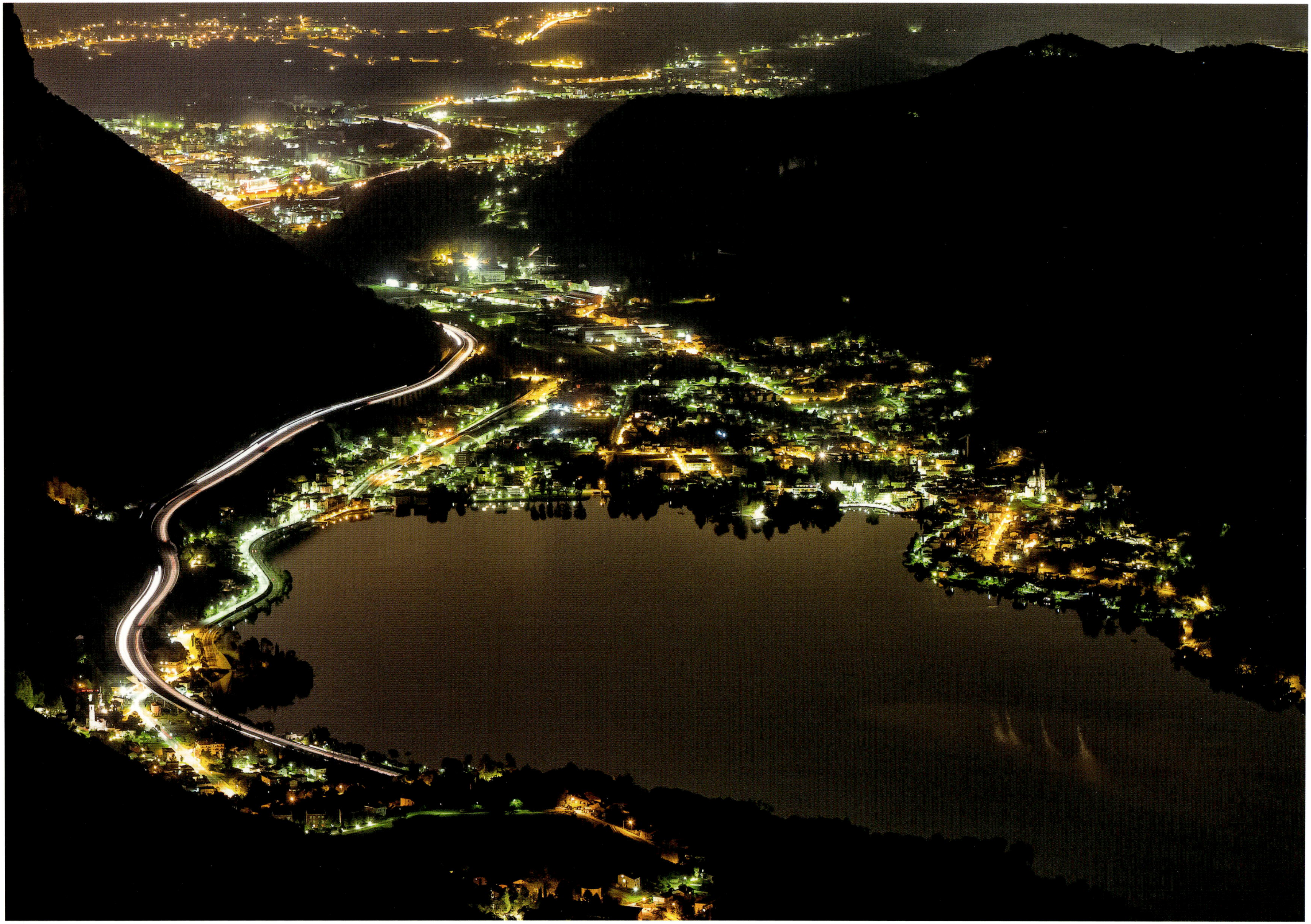

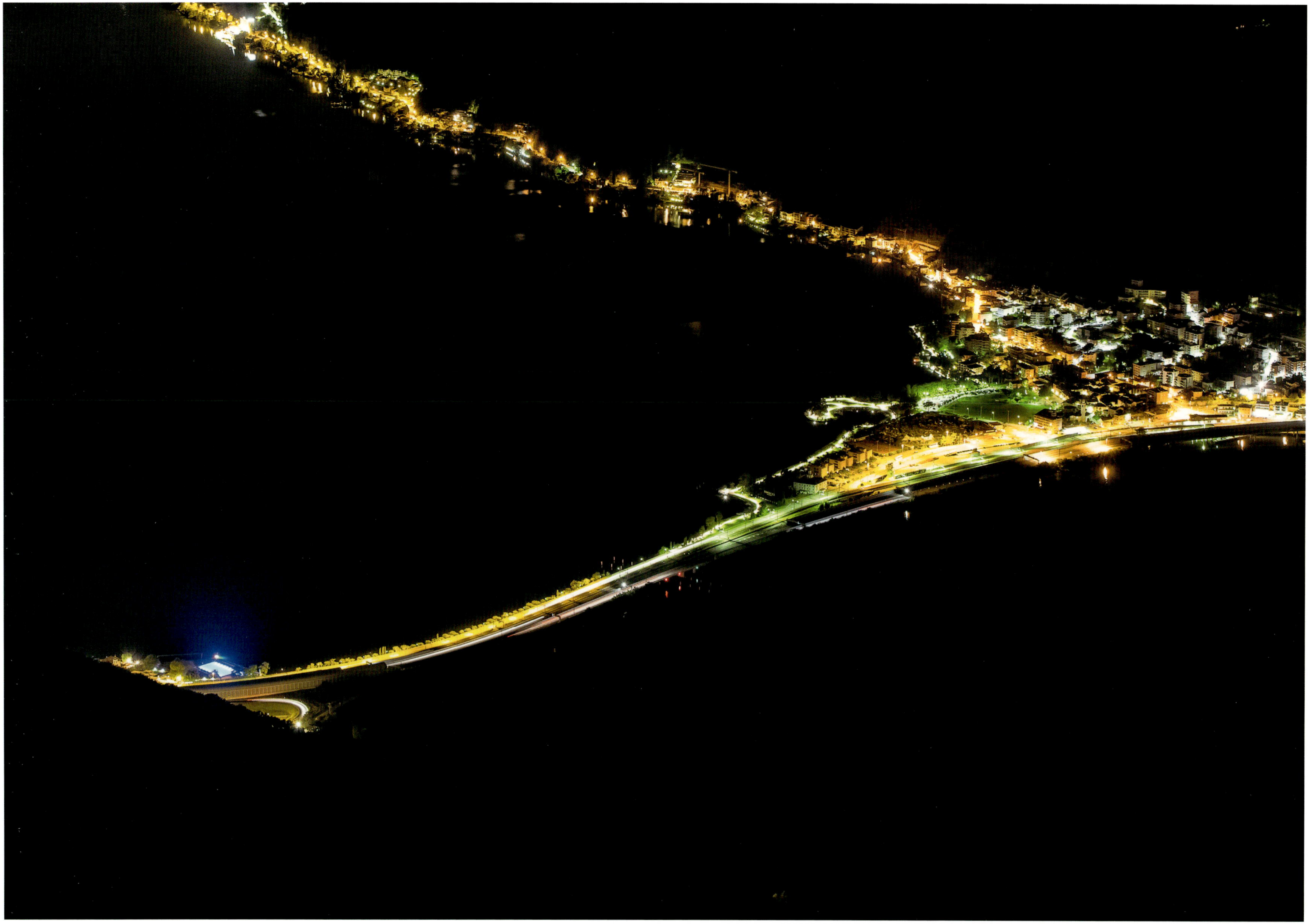

←← 45°58'5.52"N / 8°59'29.94"E
← 45°58'5.52"N / 8°59'29.94"E
46°25'54.72"N / 6°58'34.09"E

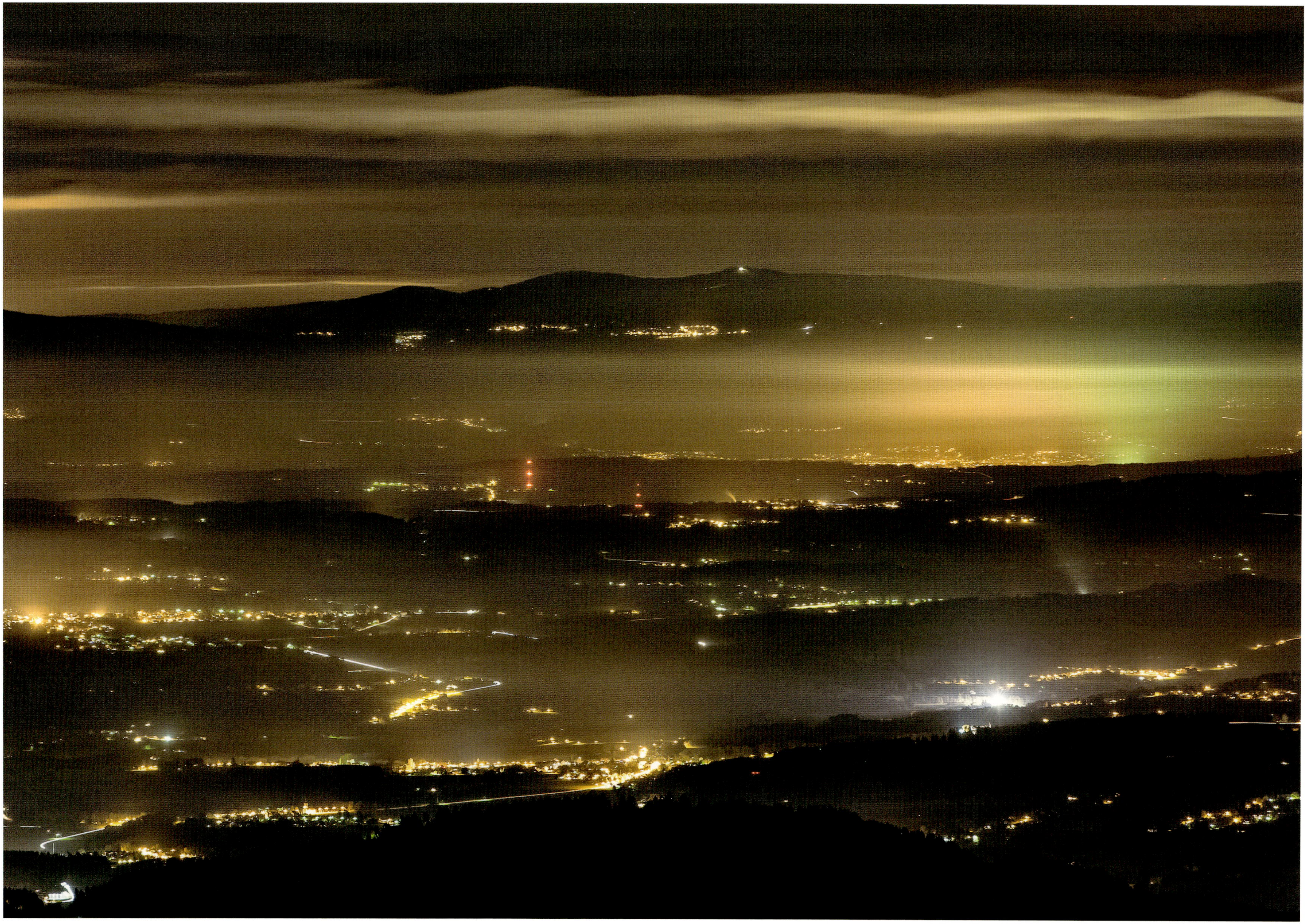

45°58'5.52"N / 8°59'29.94"E

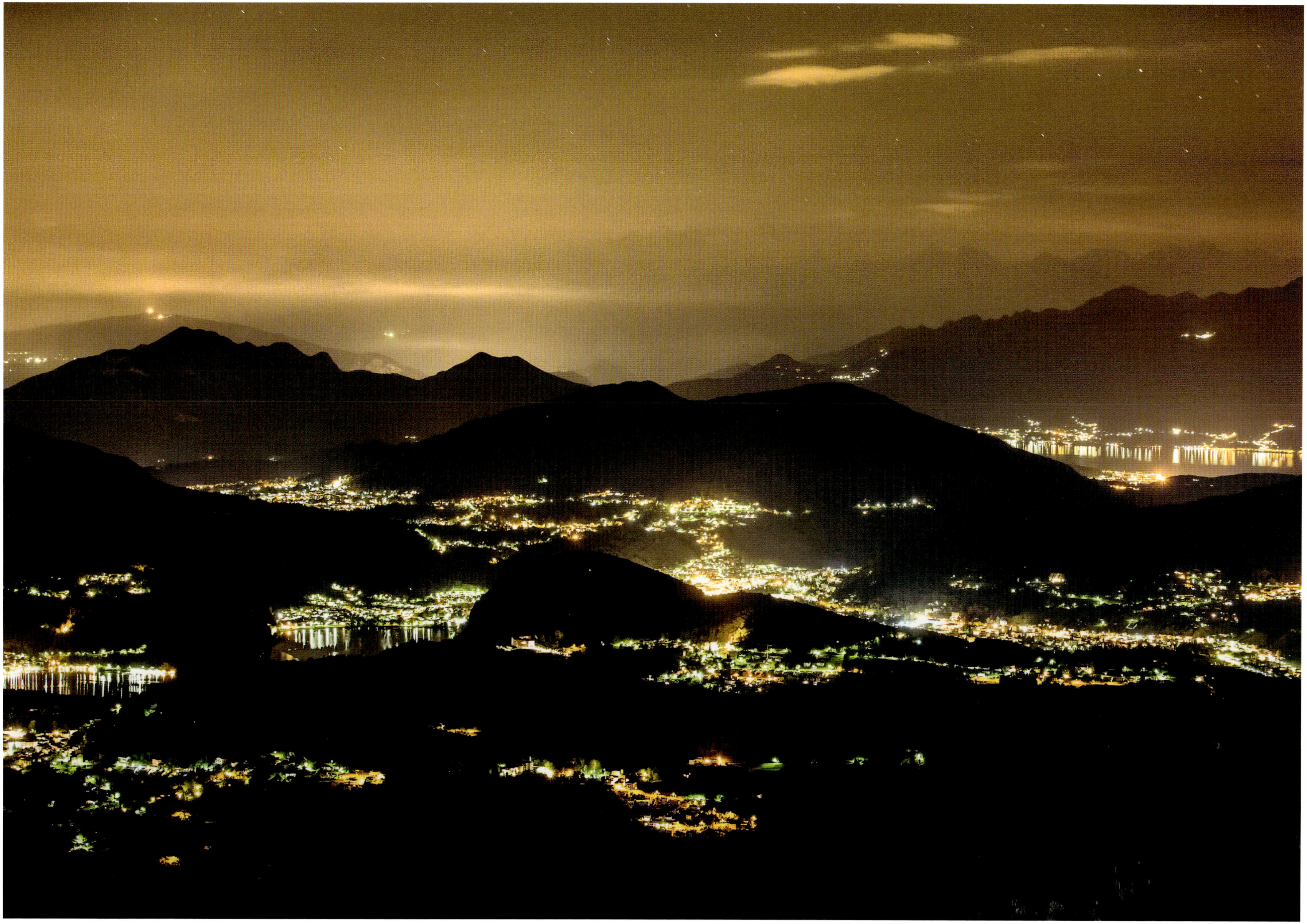

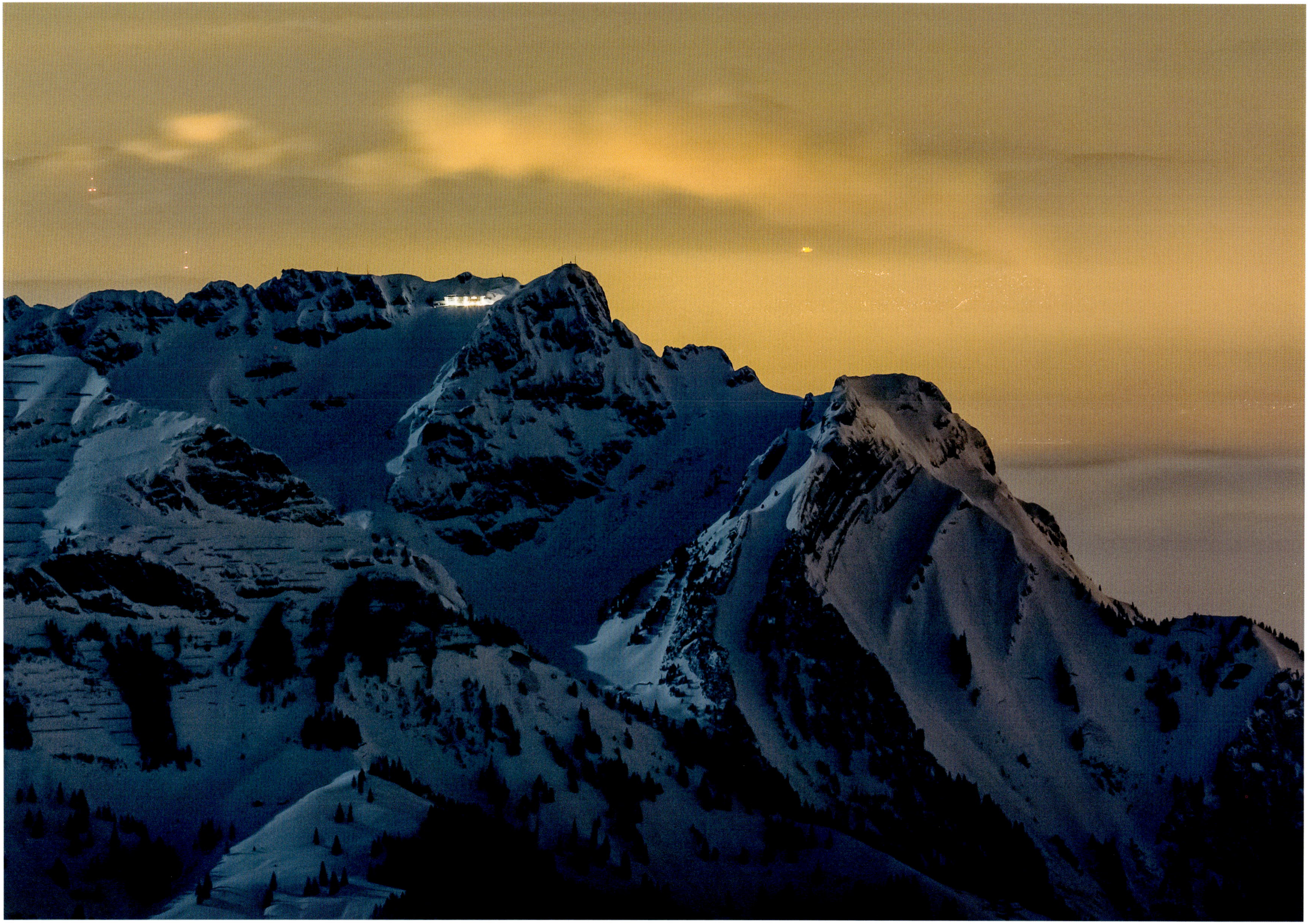

46°46'14.37"N / 8°25'24.08"E

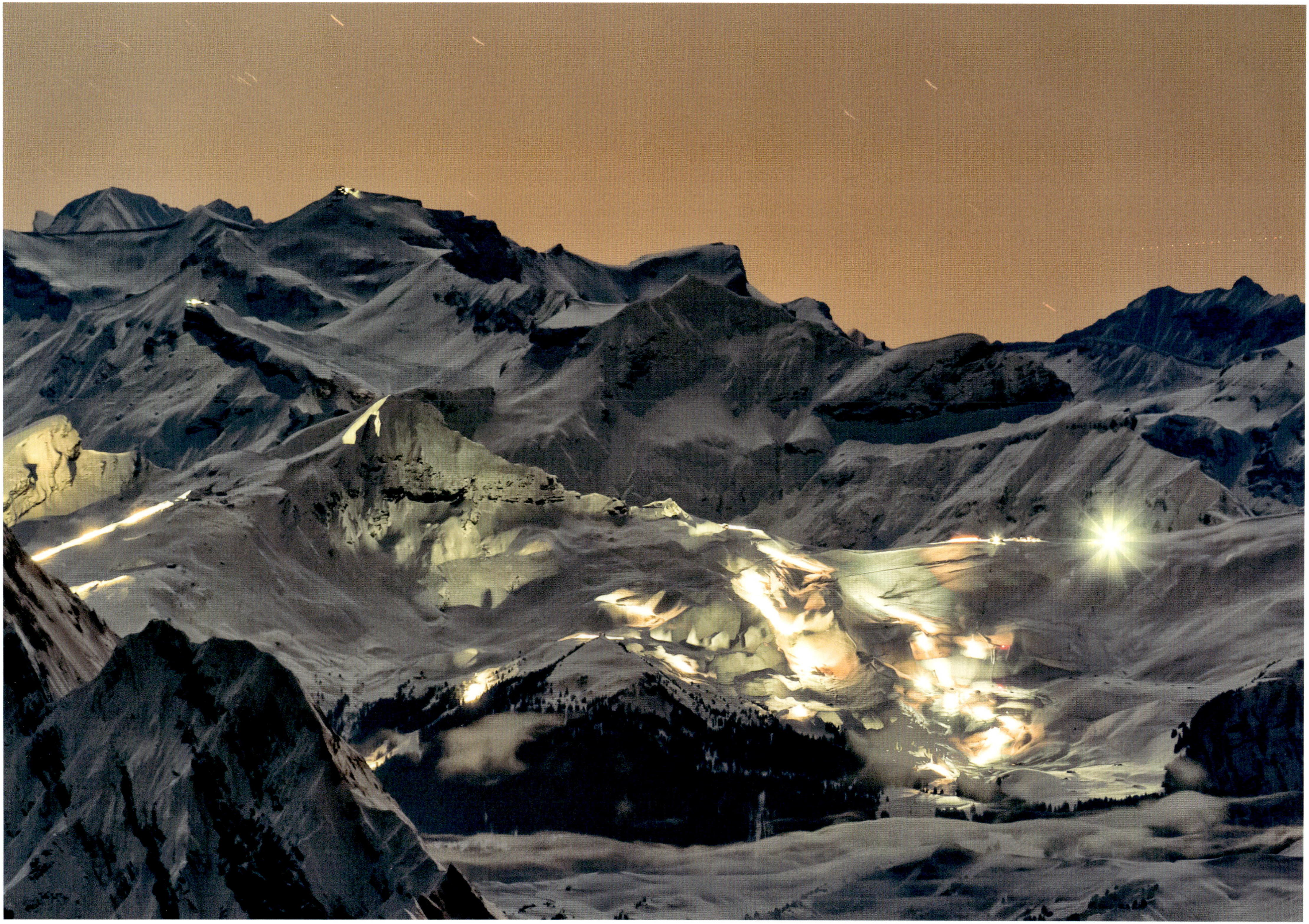

46°46'14.37"N / 8°25'24.08"E

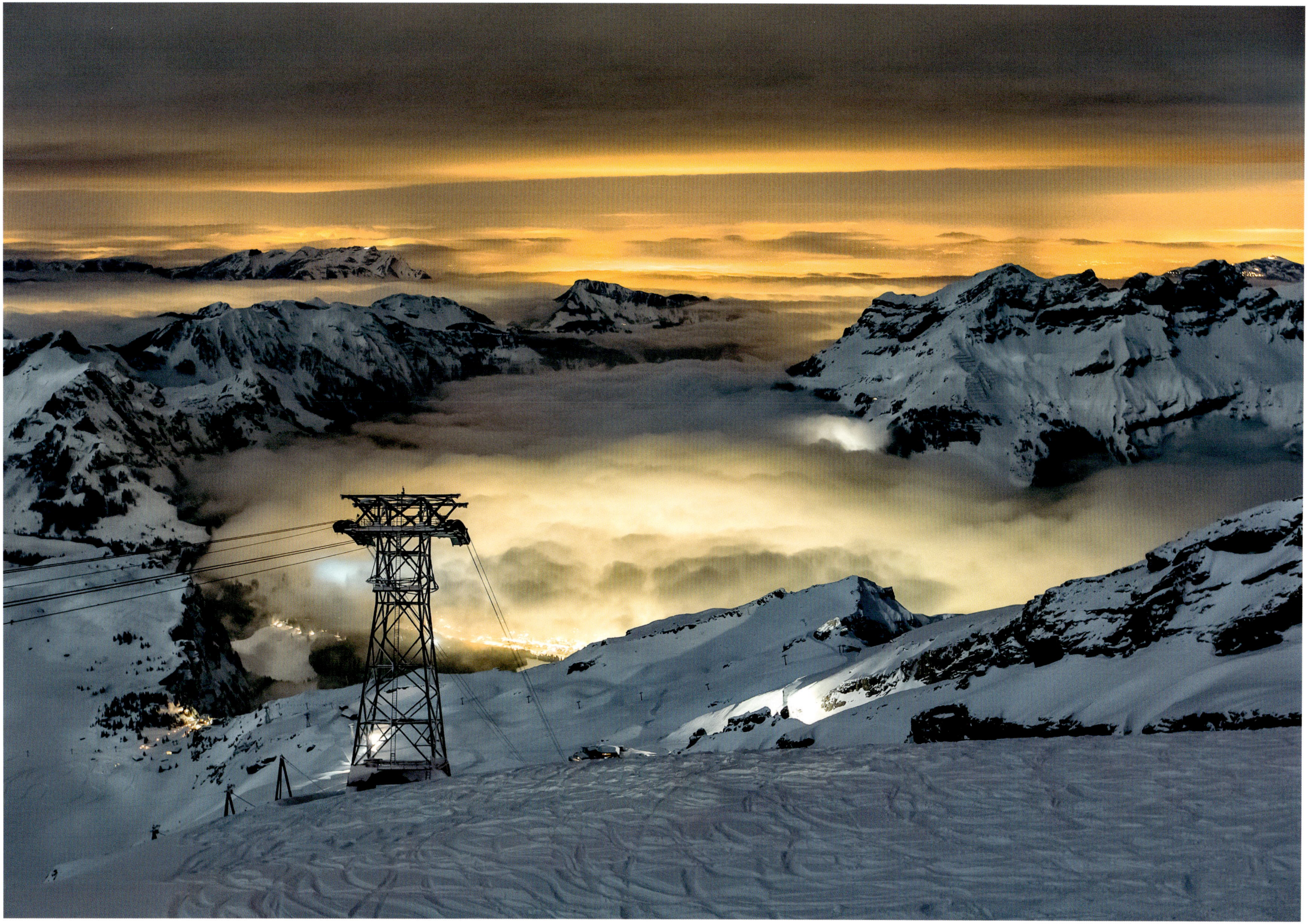

46°30'19.52"N / 9°47'15.16"E

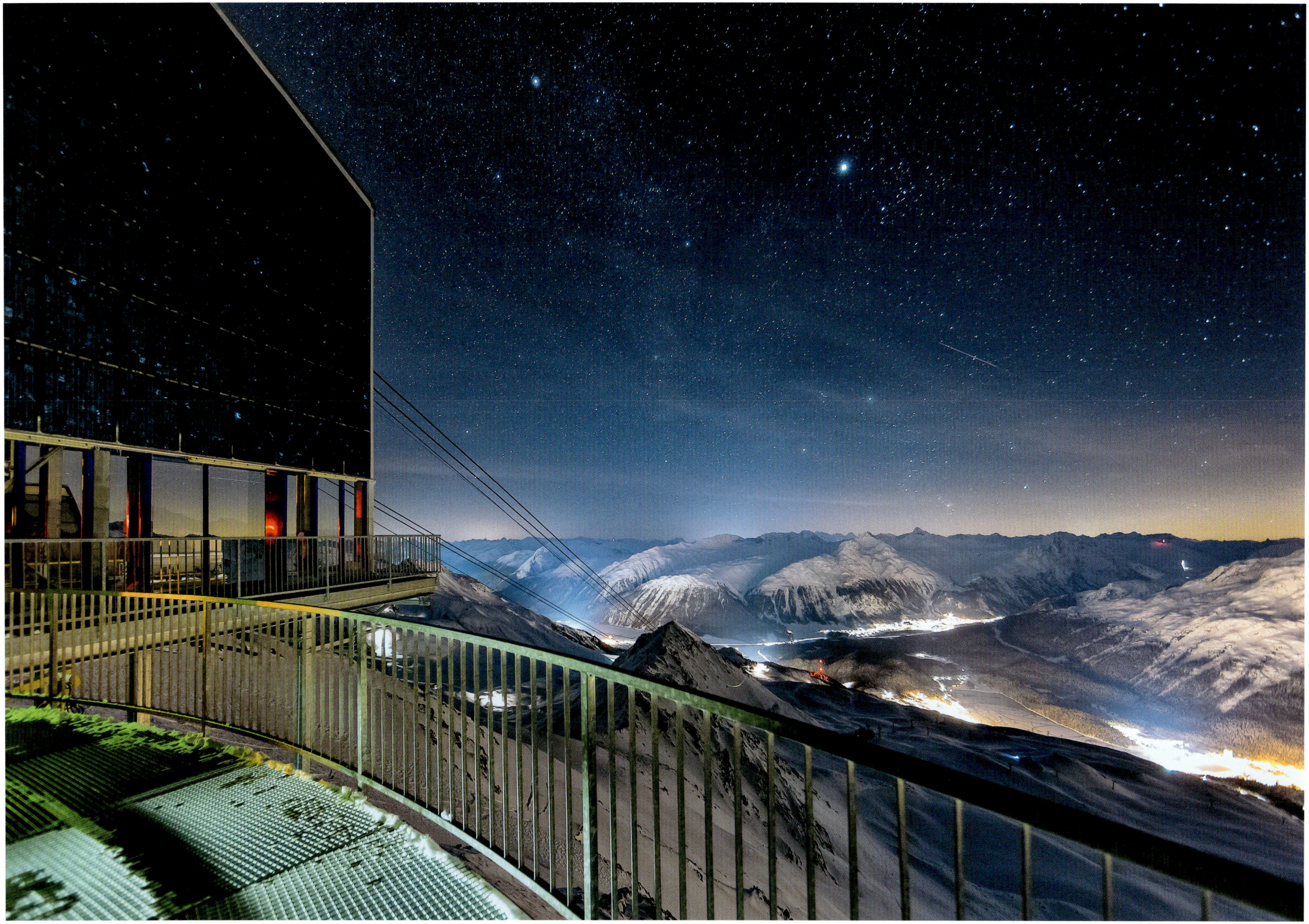

46°30'19.52"N / 9°47'15.16"E

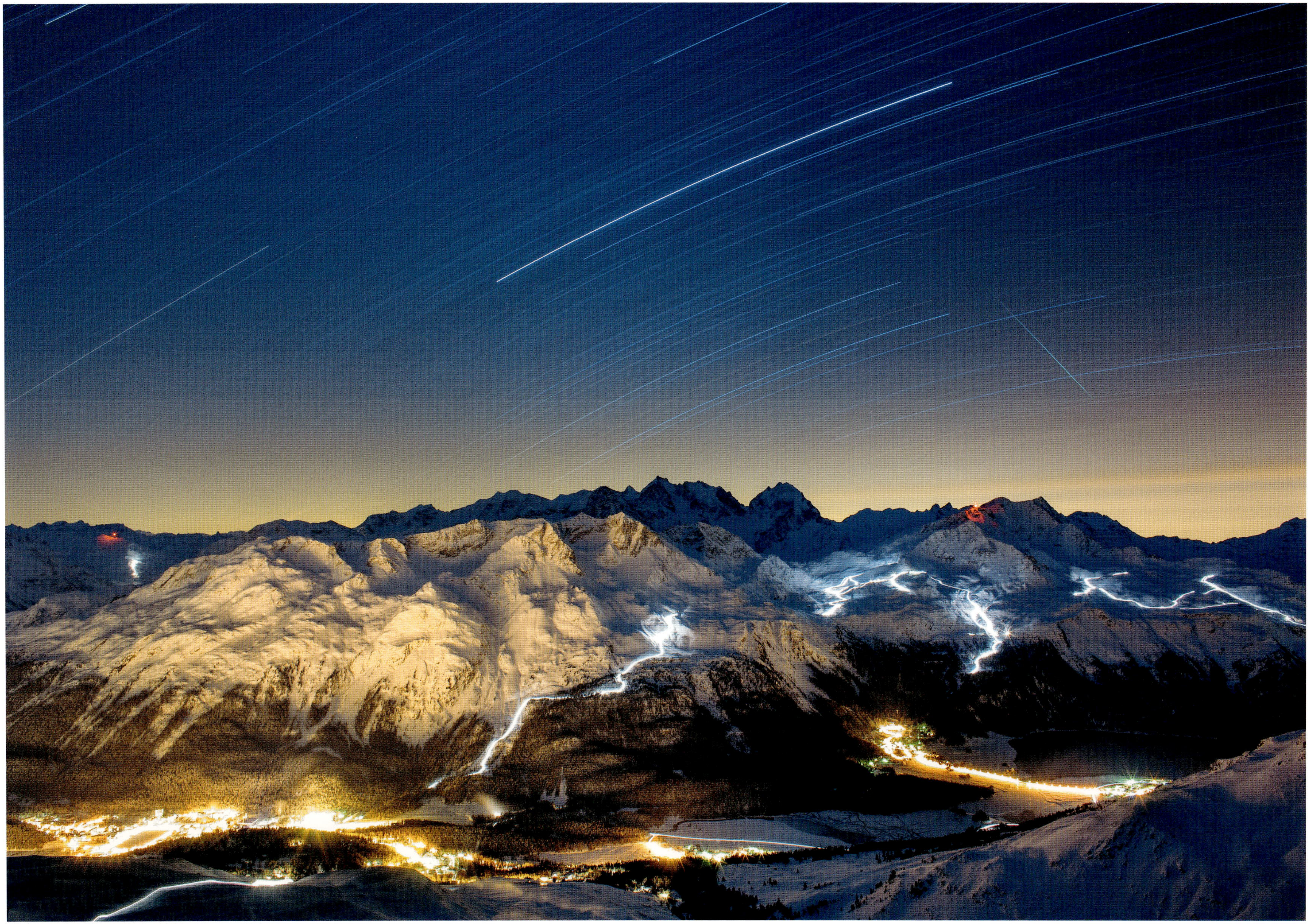

46°47'22.26"N / 9°38'16.76"E

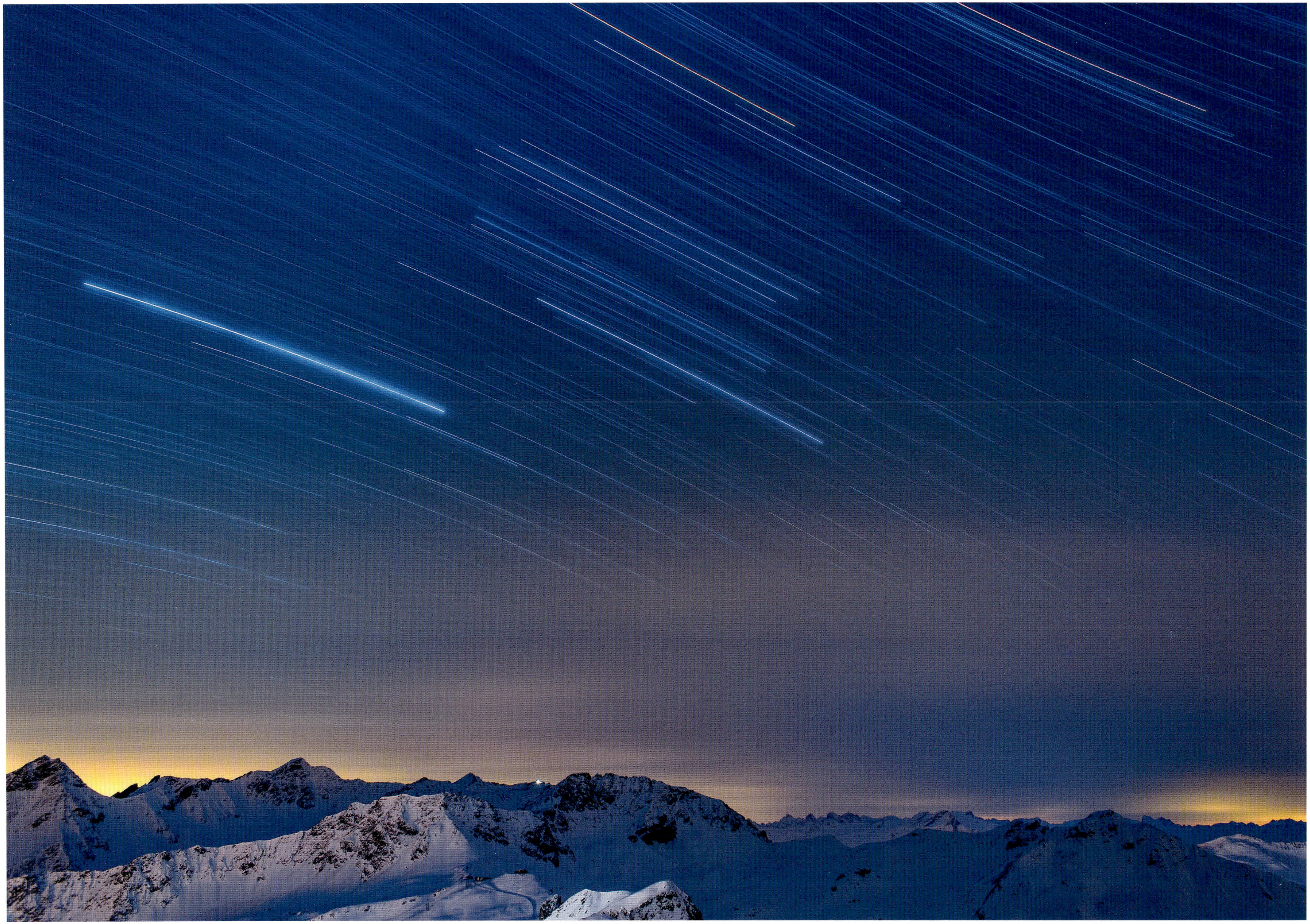

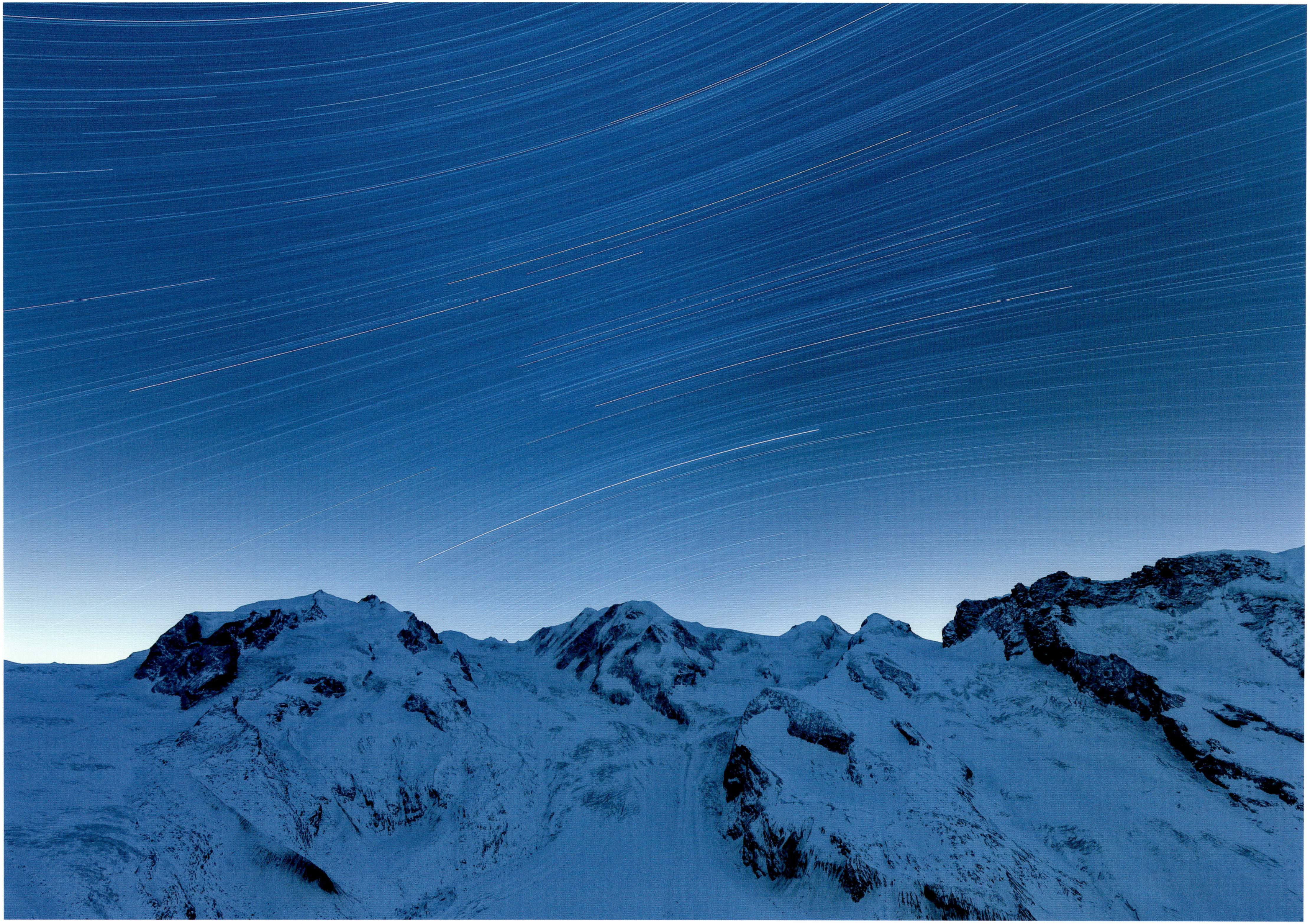

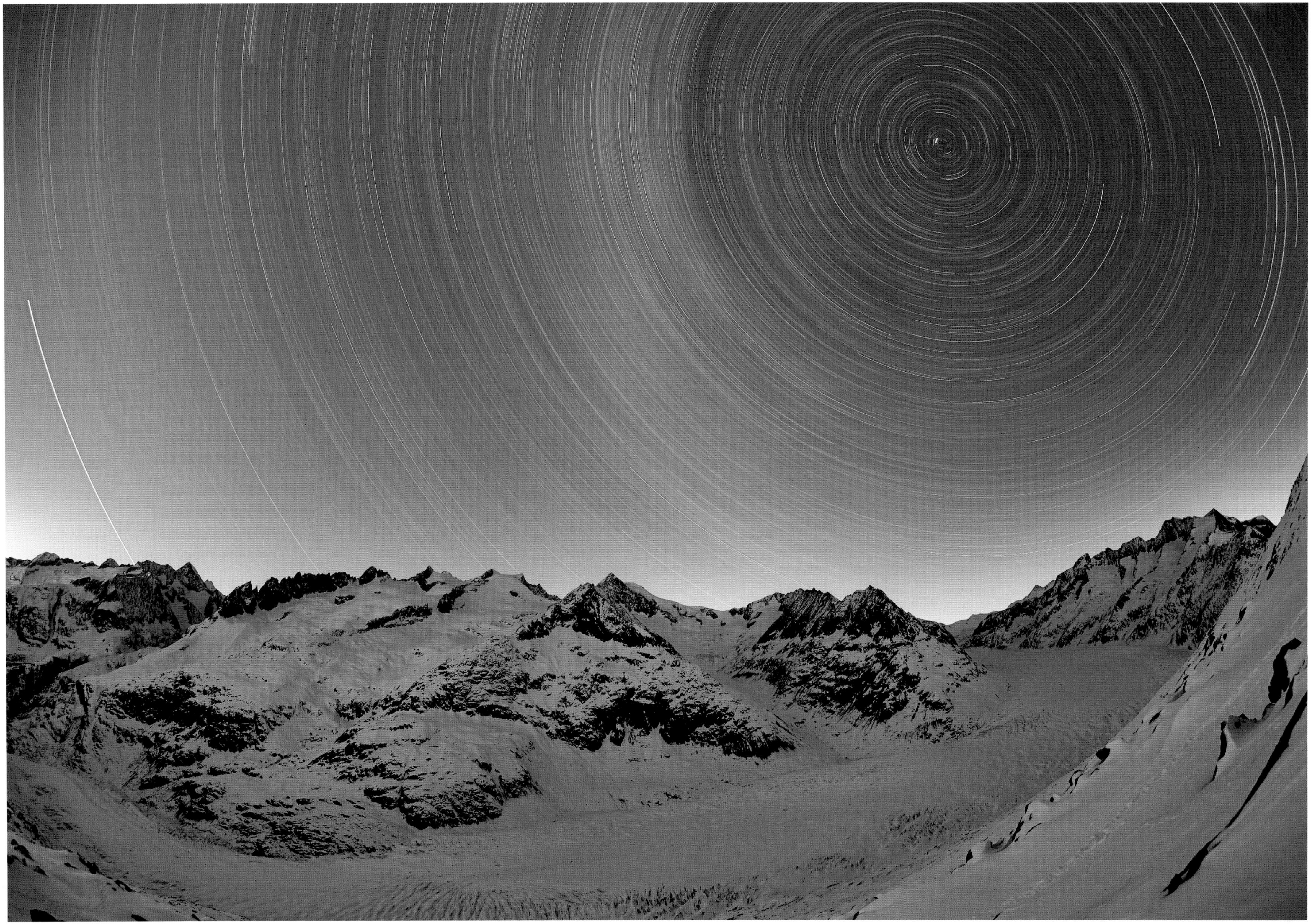

←← 45°58'59.67"N / 7°47'3.73"E

← 46°24'41.29"N / 8°4'32.12"E

45°58'59.67"N / 7°47'3.73"E

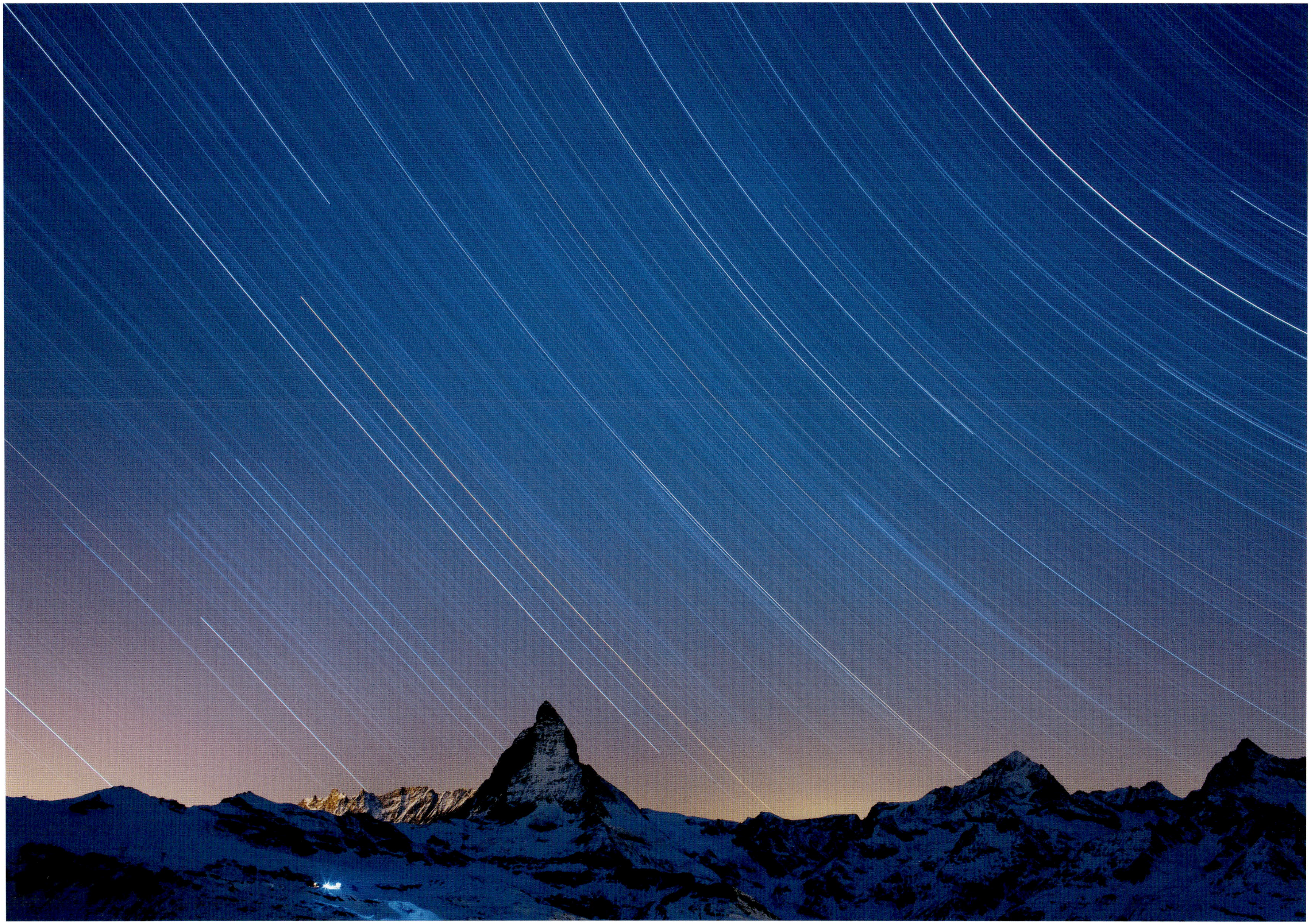

46°47'39.97"N / 9°41'15.43"E

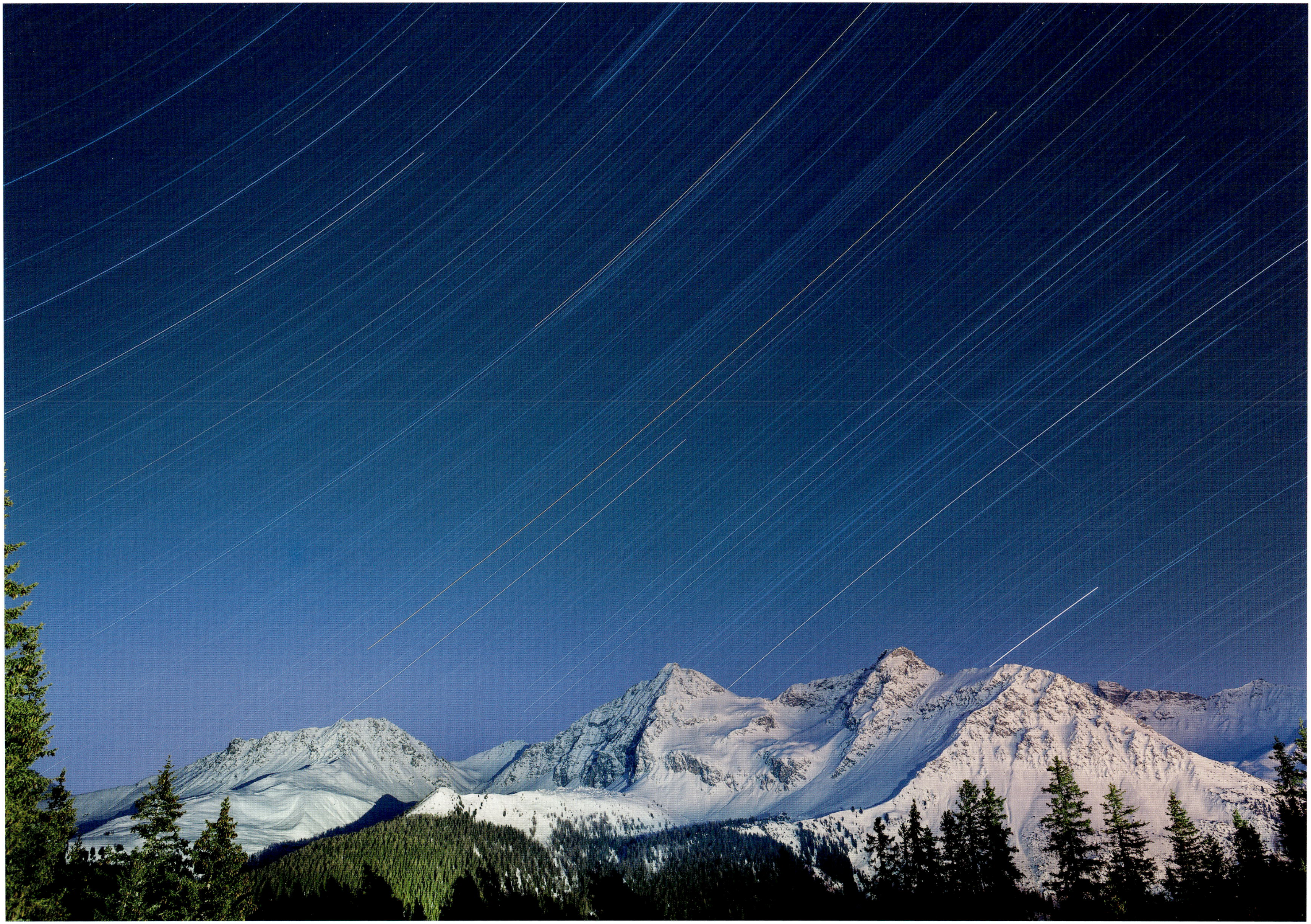

46°37'6.22"N / 7°56'17.03"E

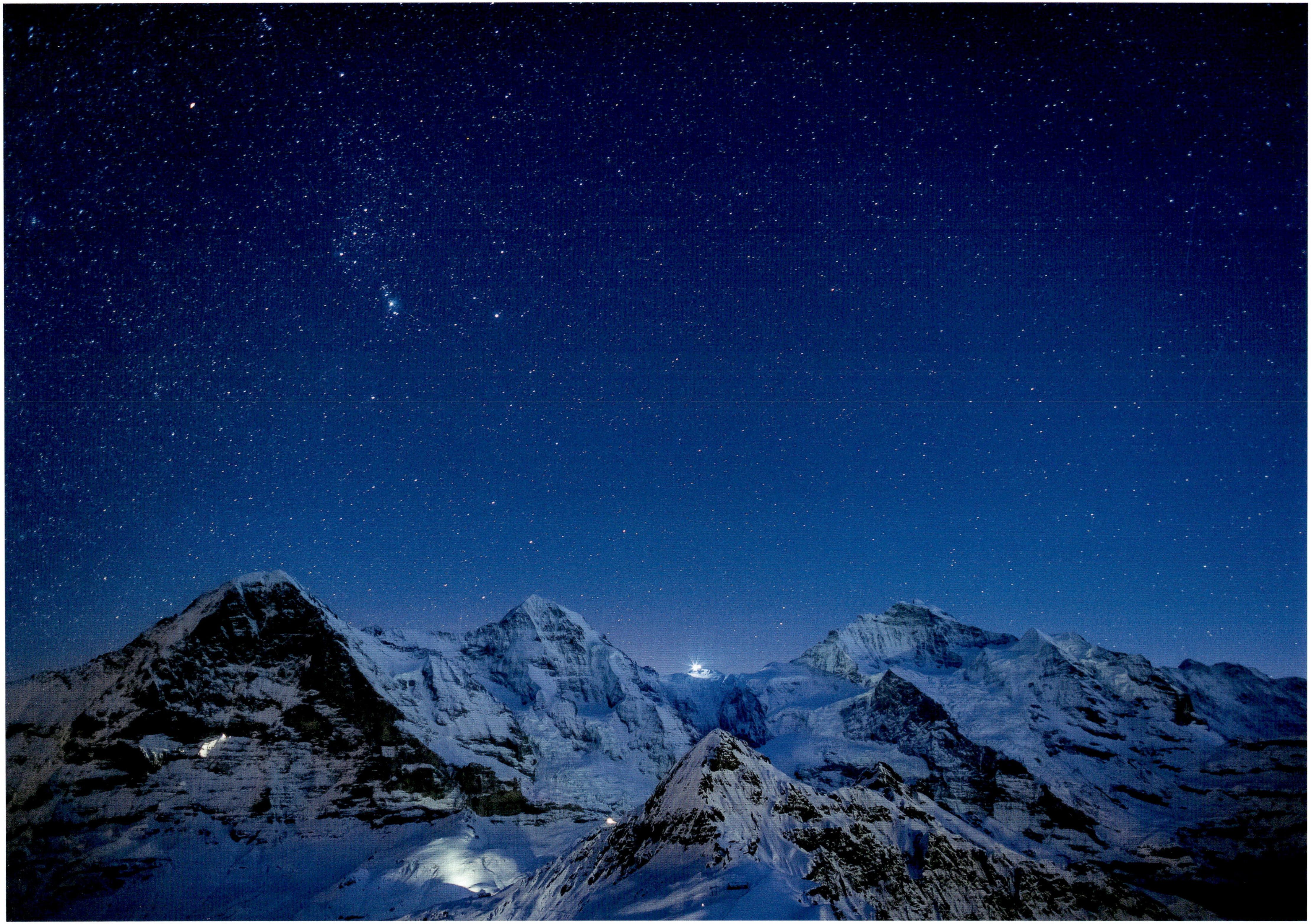

45°58'59.67"N / 7°47'3.73"E

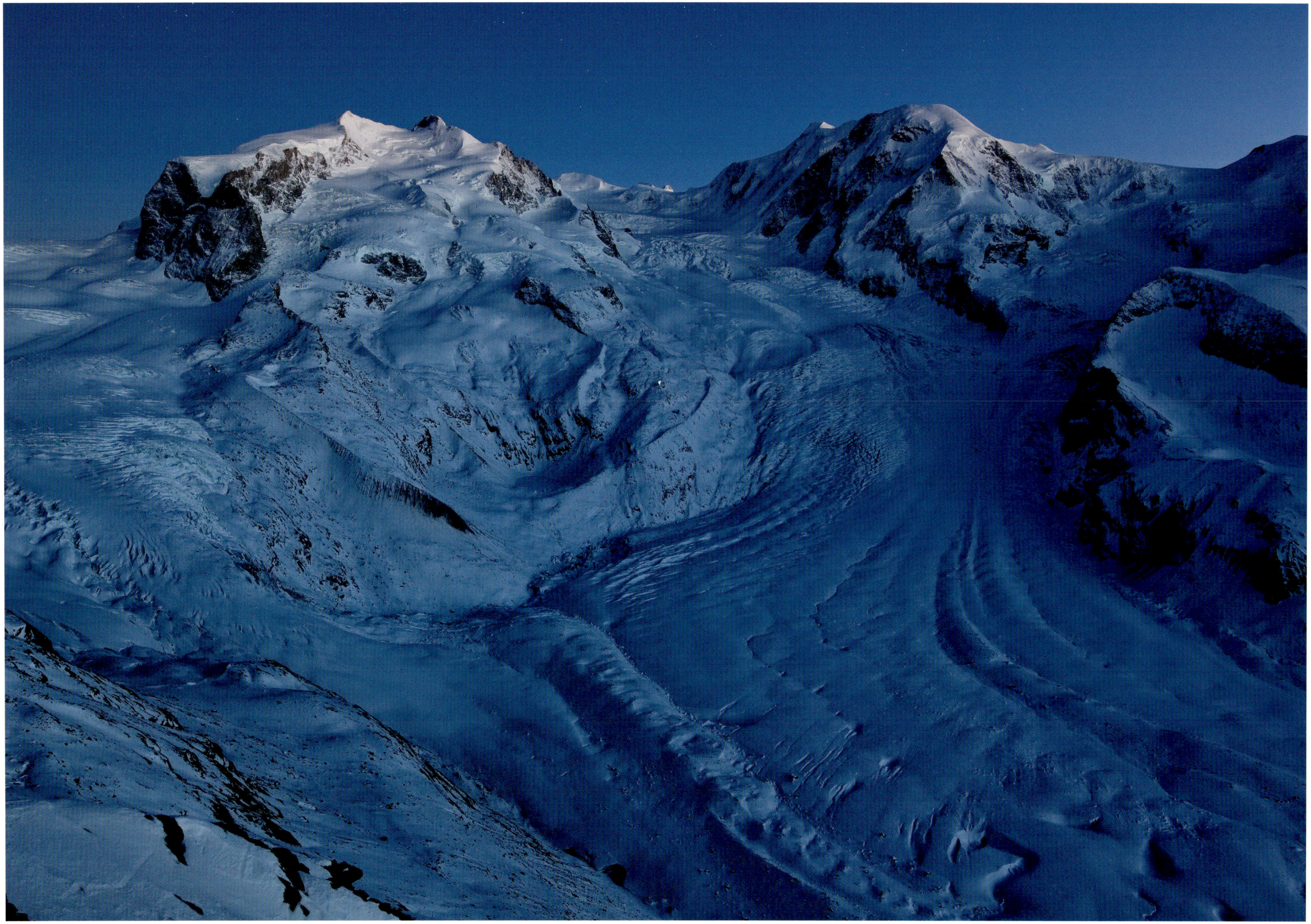

46°46'14.37"N / 8°25'24.08"E

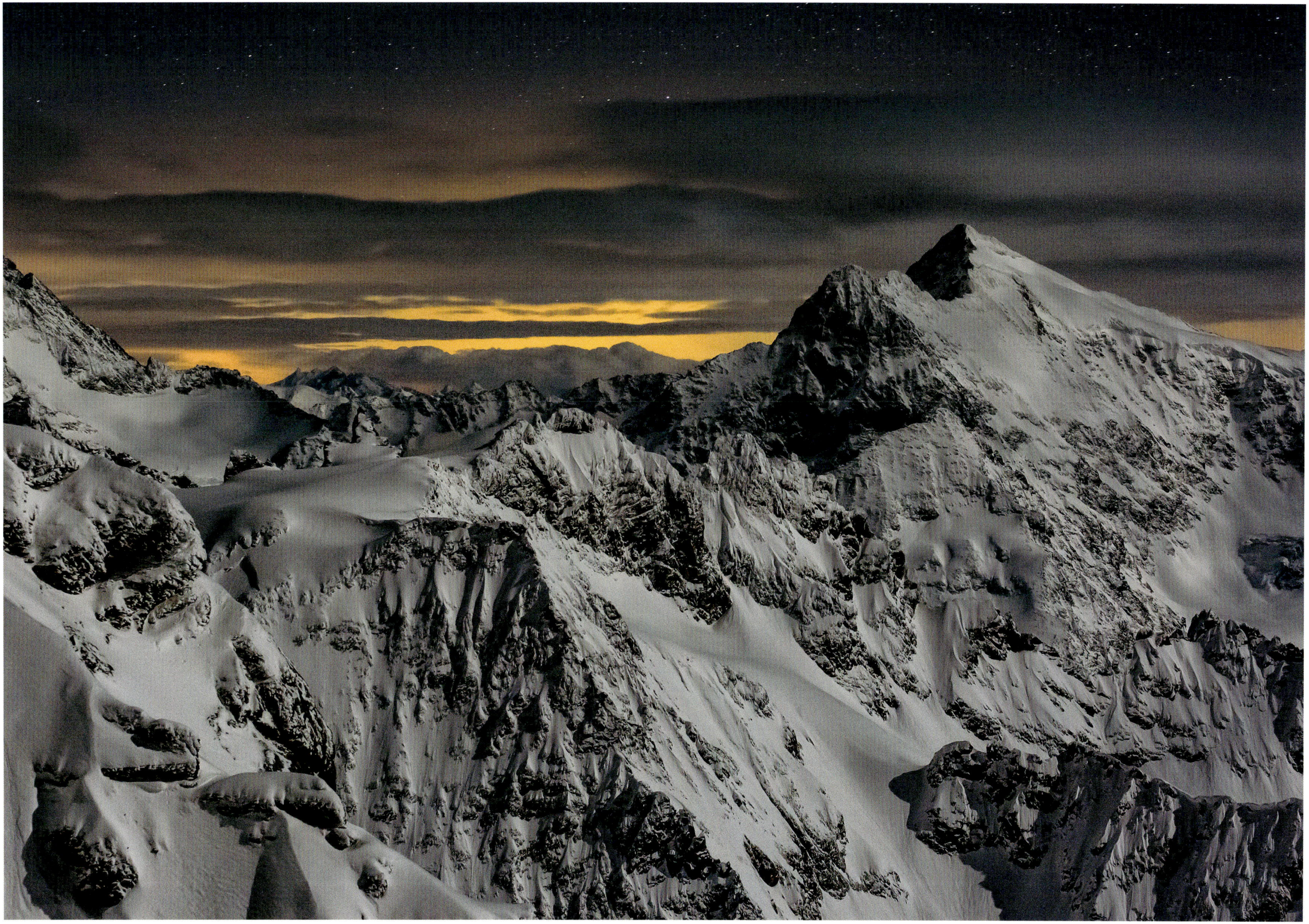

46°46'14.37"N / 8°25'24.08"E

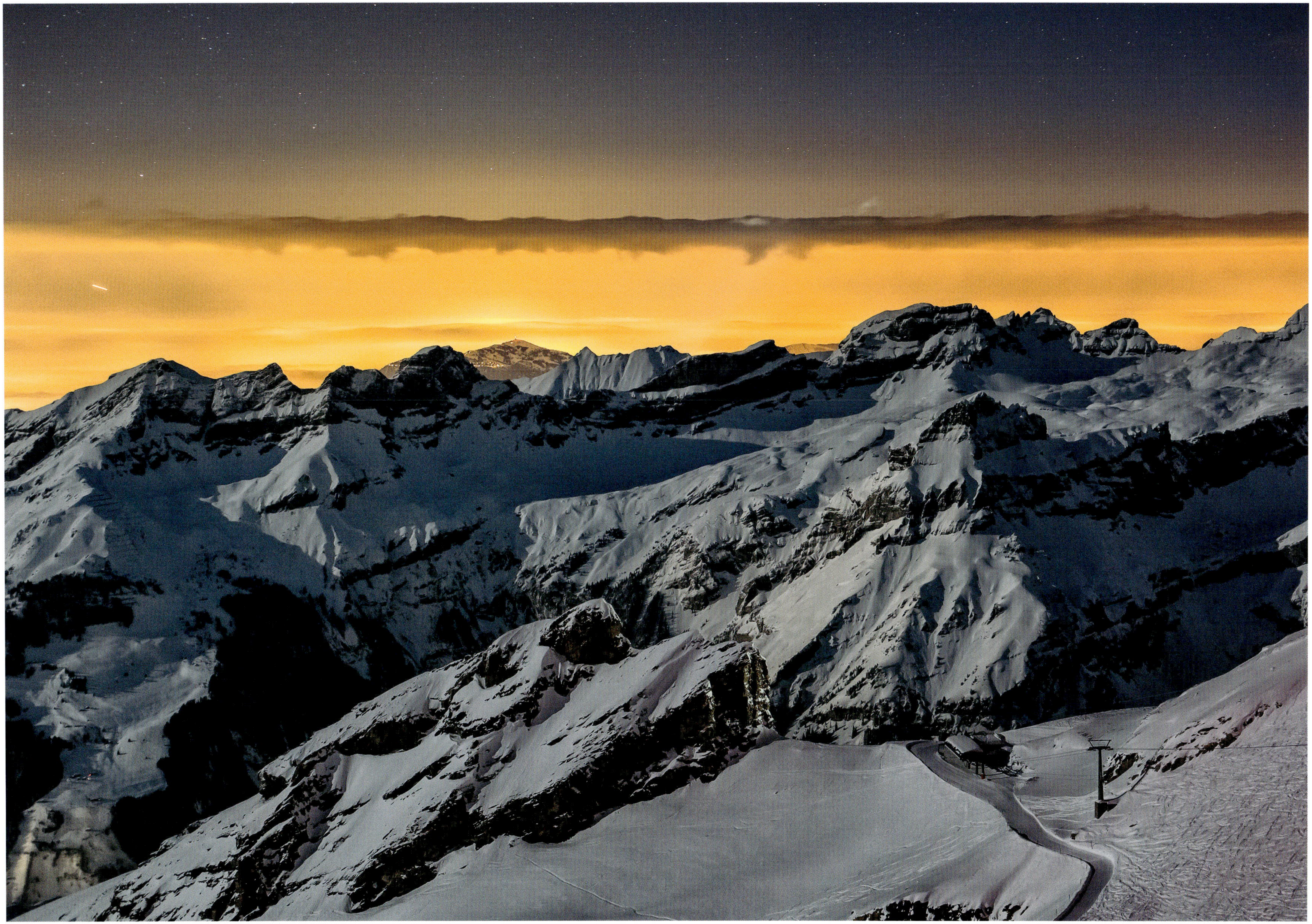

46°46'14.37"N / 8°25'24.08"E

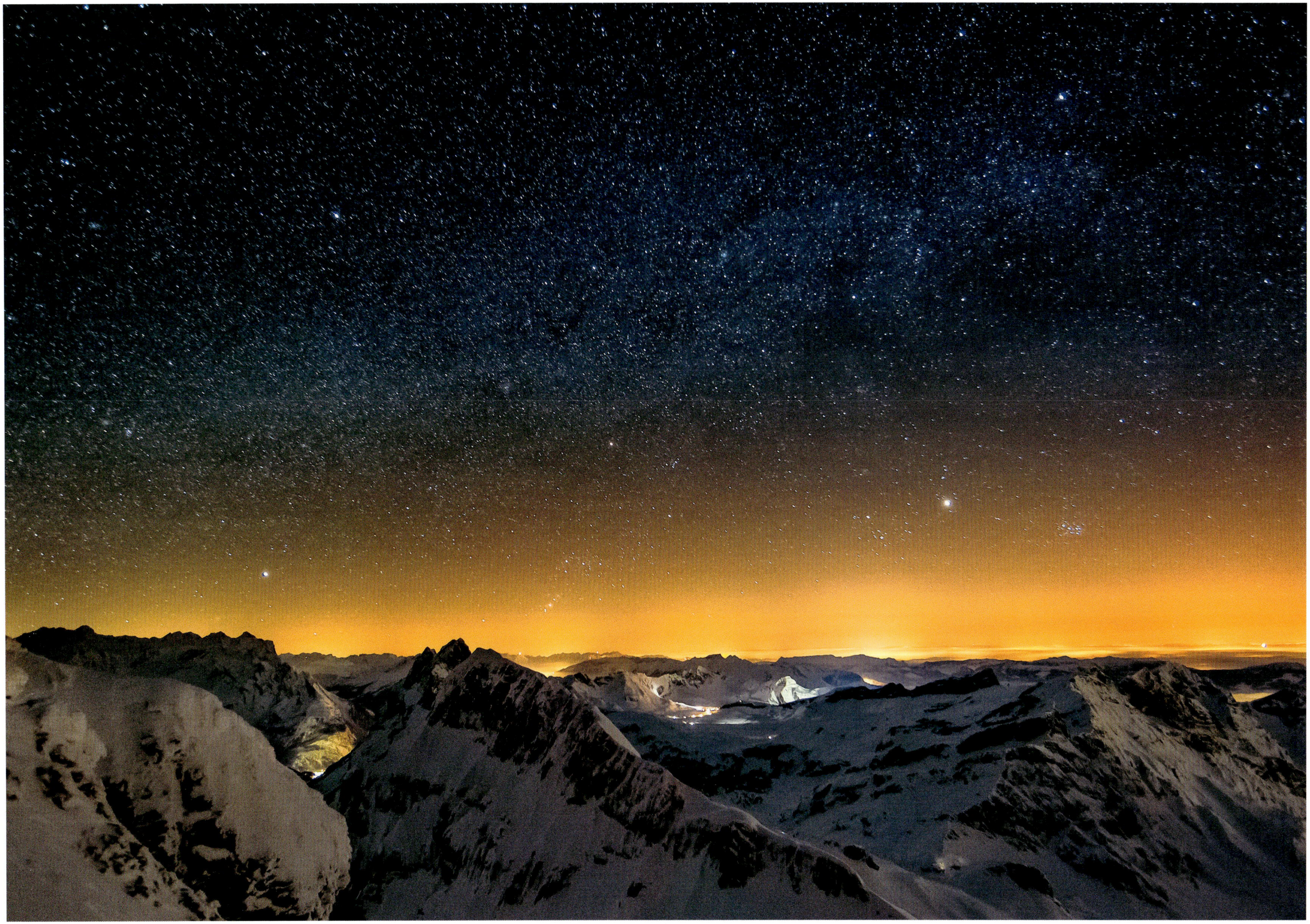

46°30'19.52"N / 9°47'15.16"E

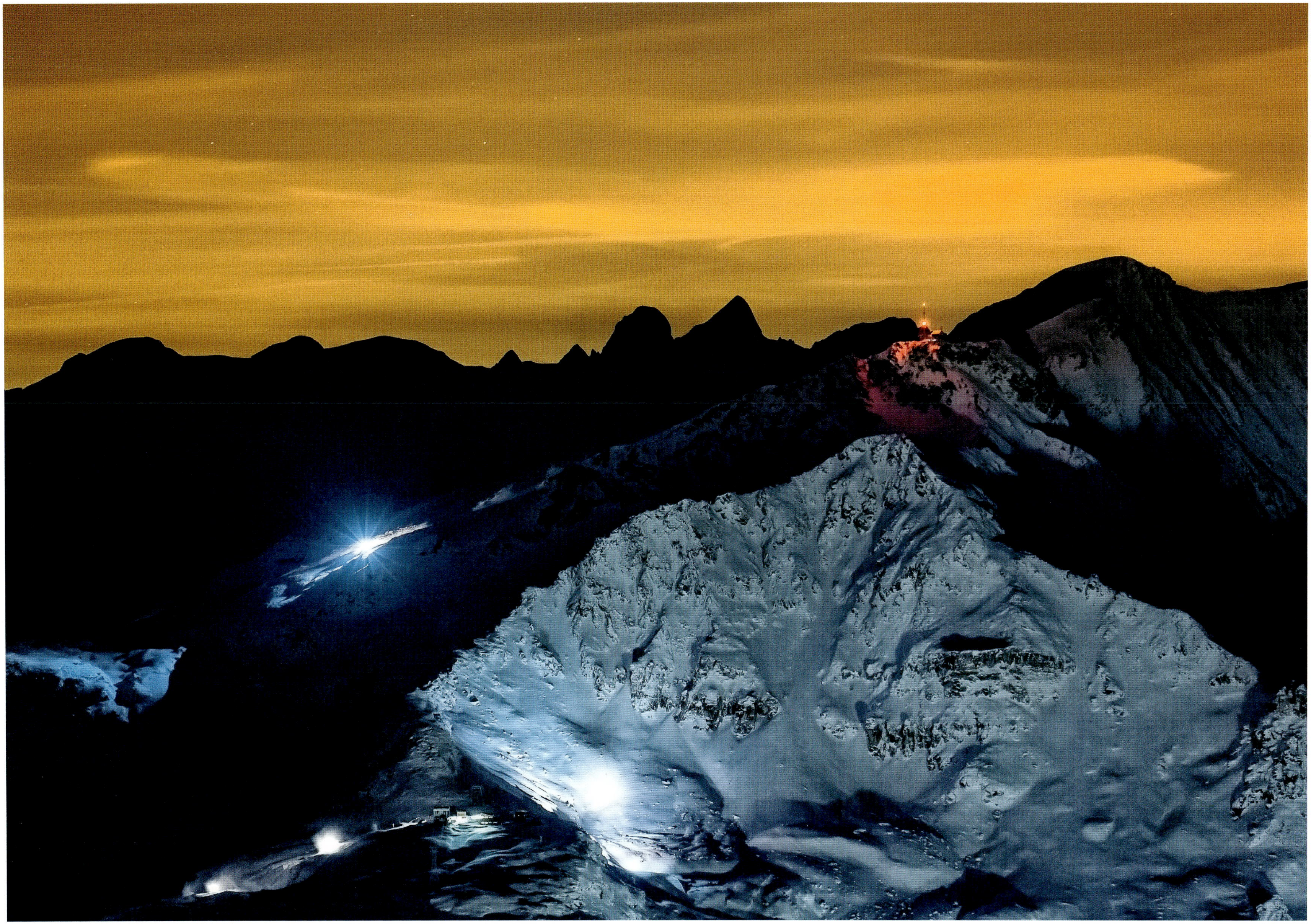

46°46'14.37"N / 8°25'24.08"E

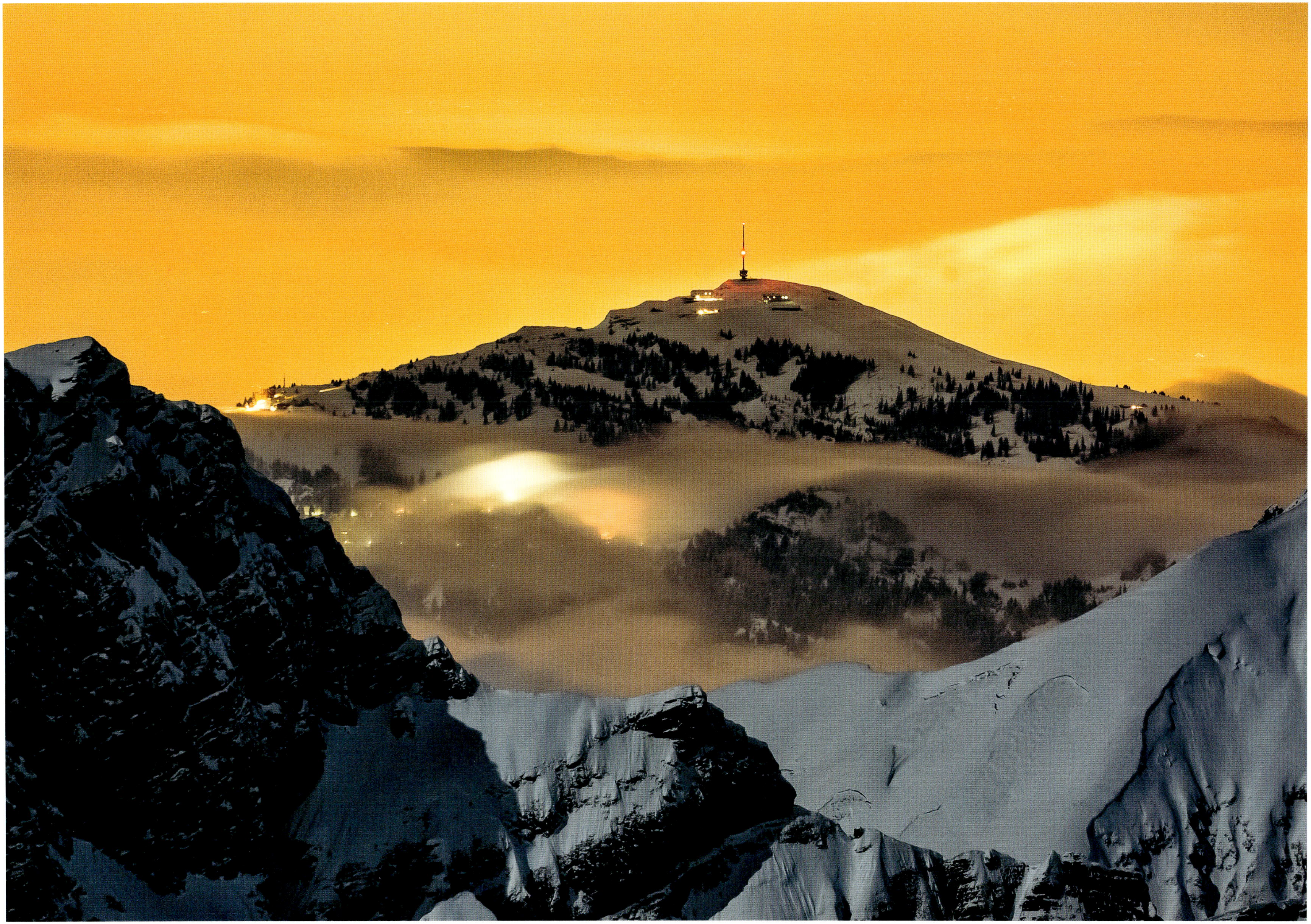

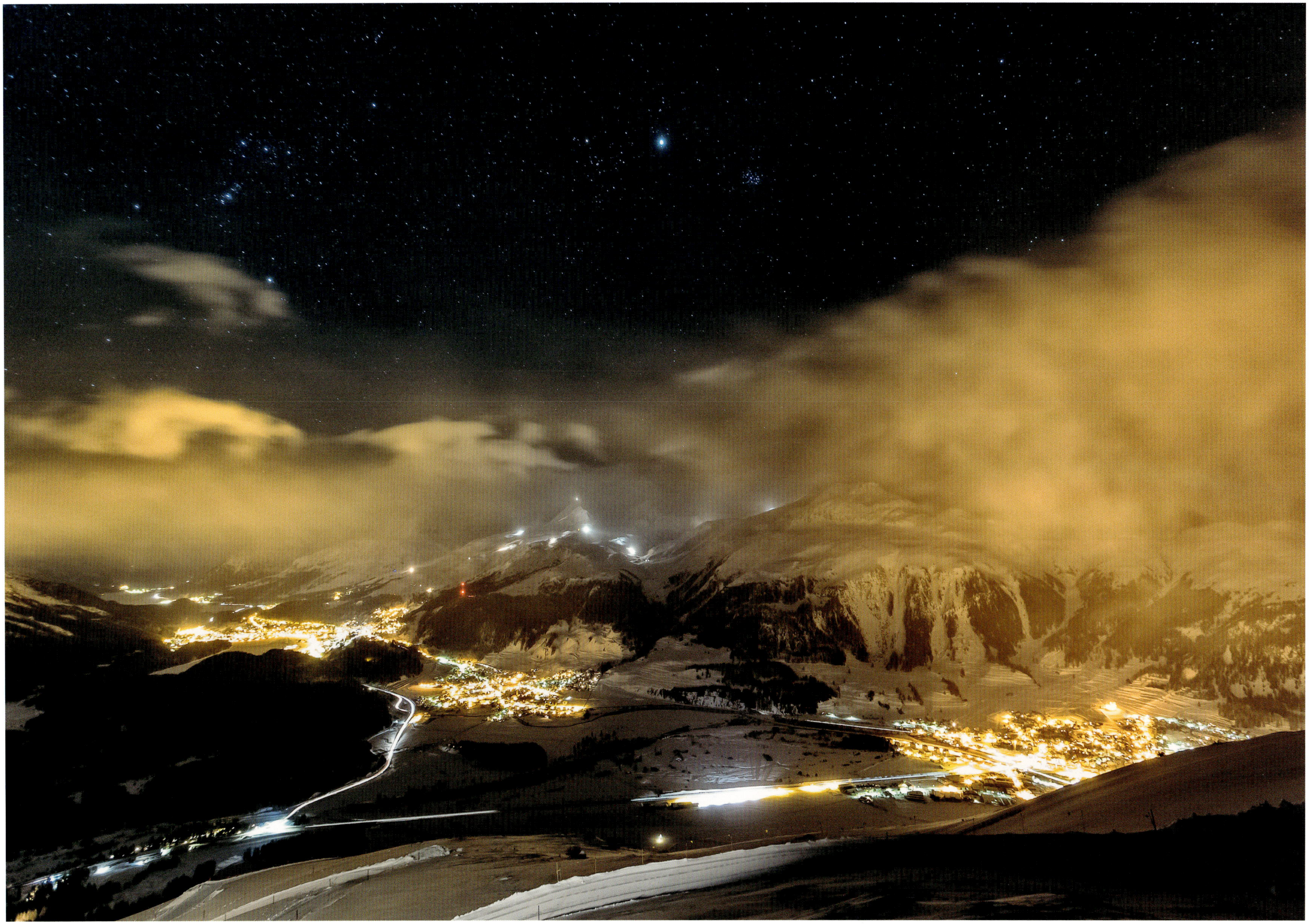

46°31'19.84"N / 9°54'4.85"E

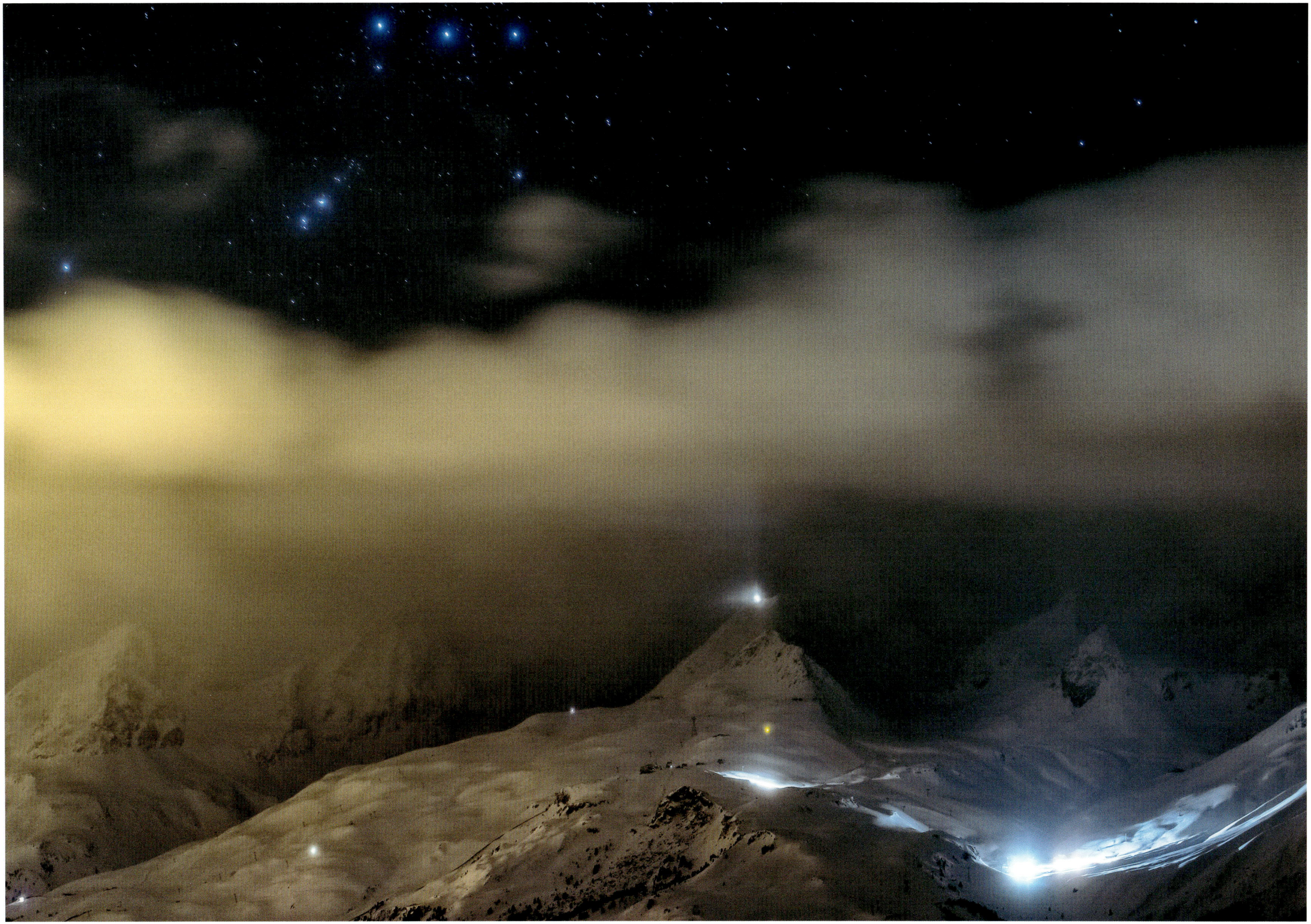

46°8'40.23"N / 8°43'40.15"E

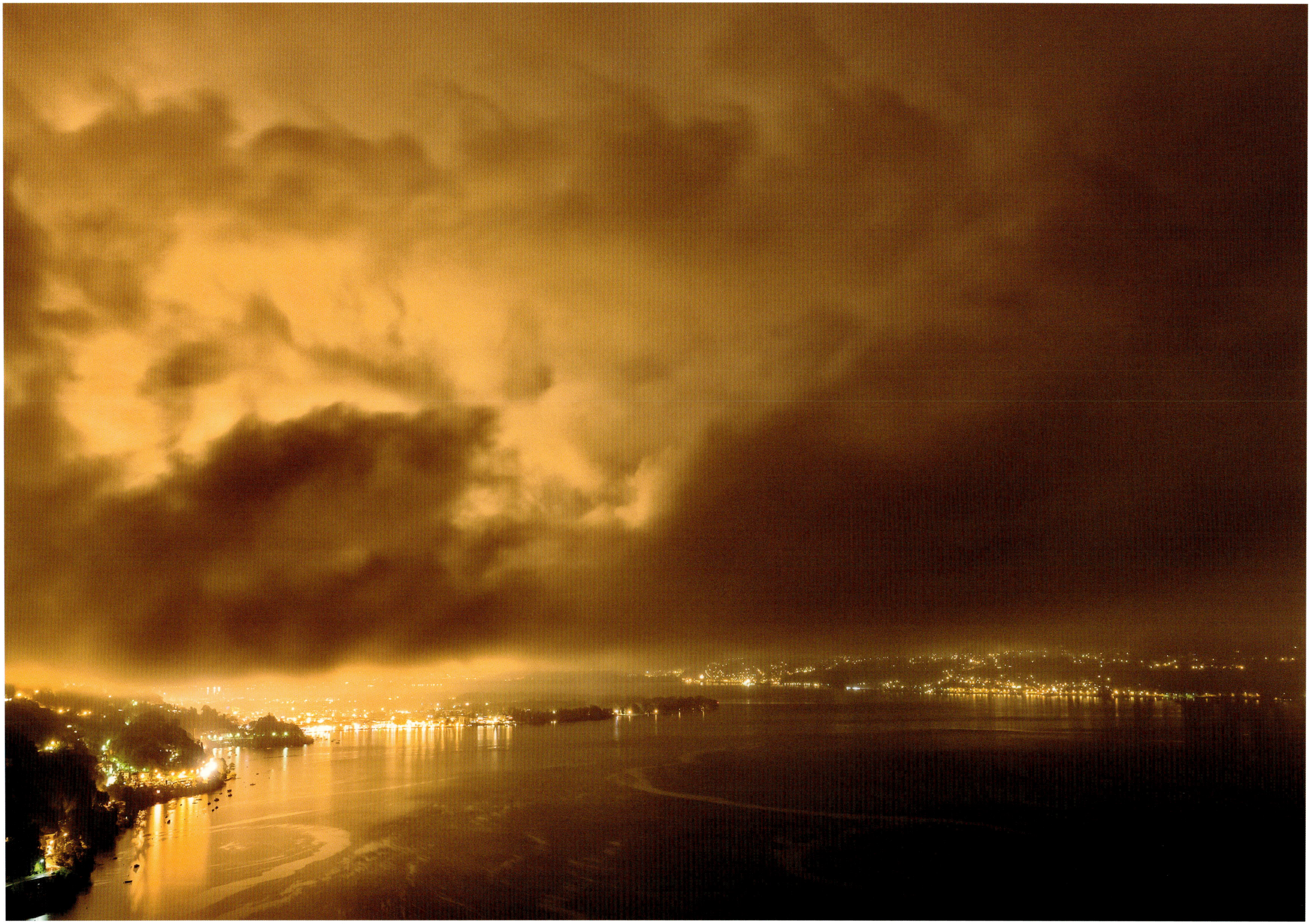

46°25'54.72"N / 6°58'34.09"E

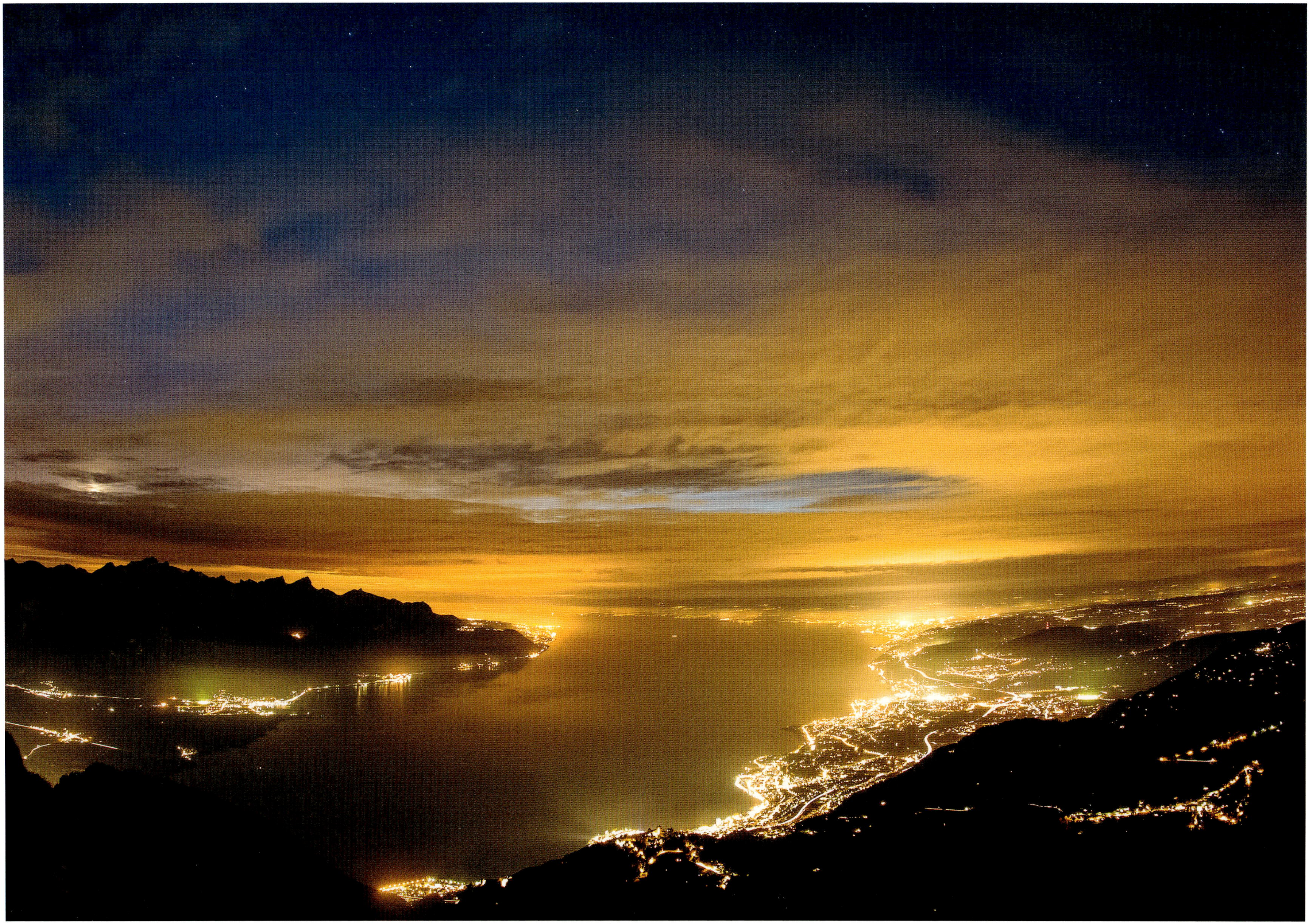

46°37'6.22"N / 7°56'17.03"E

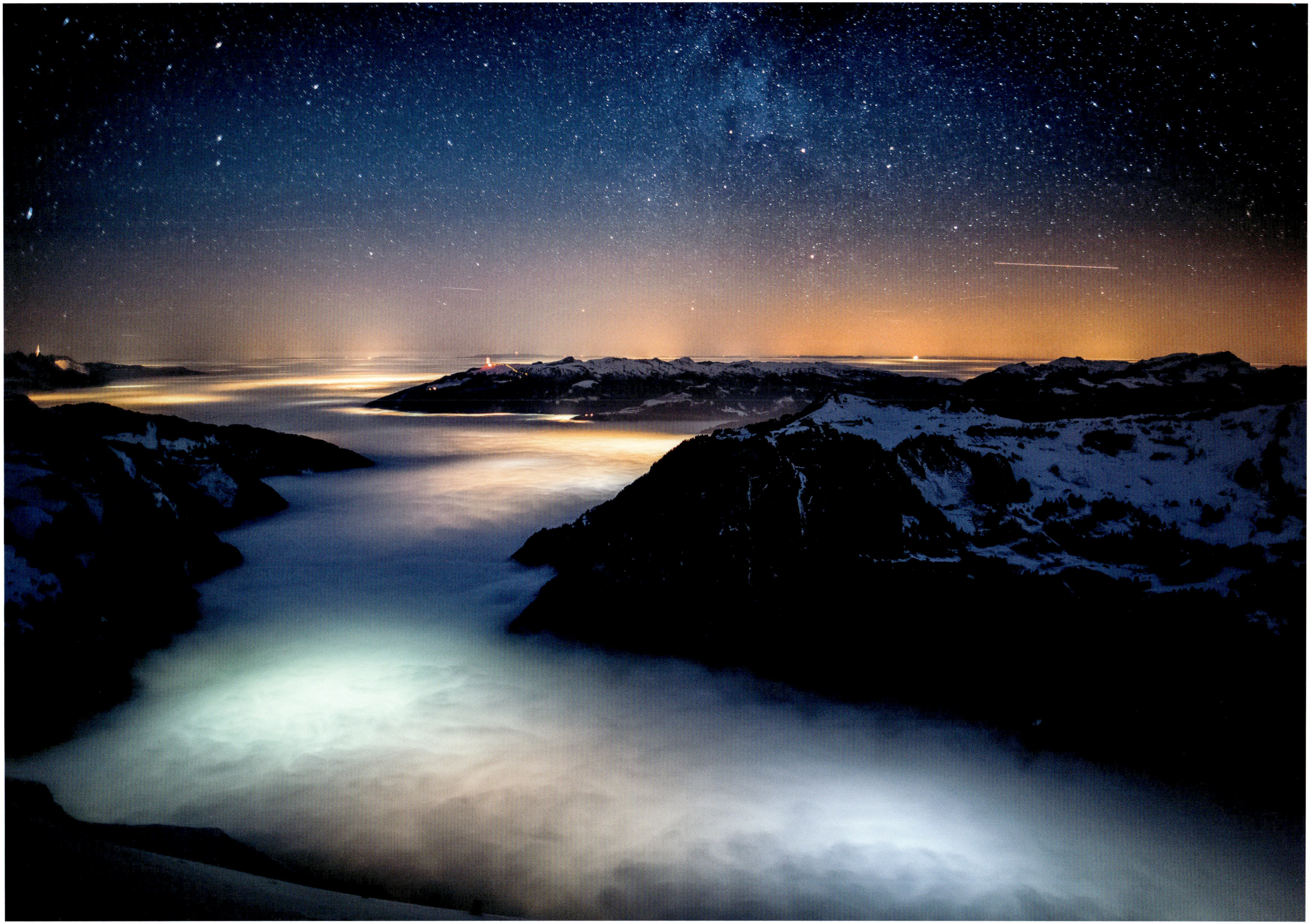

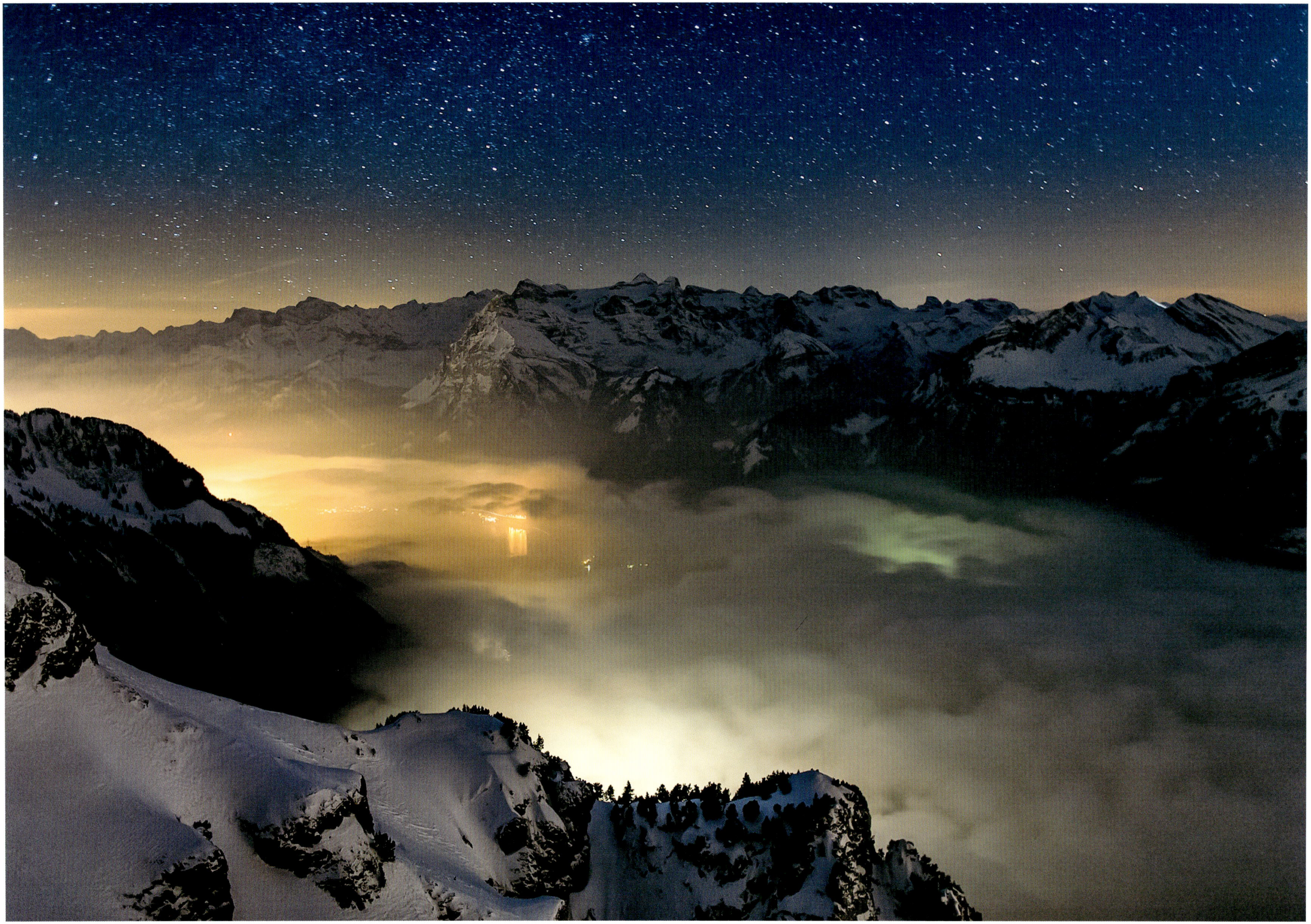

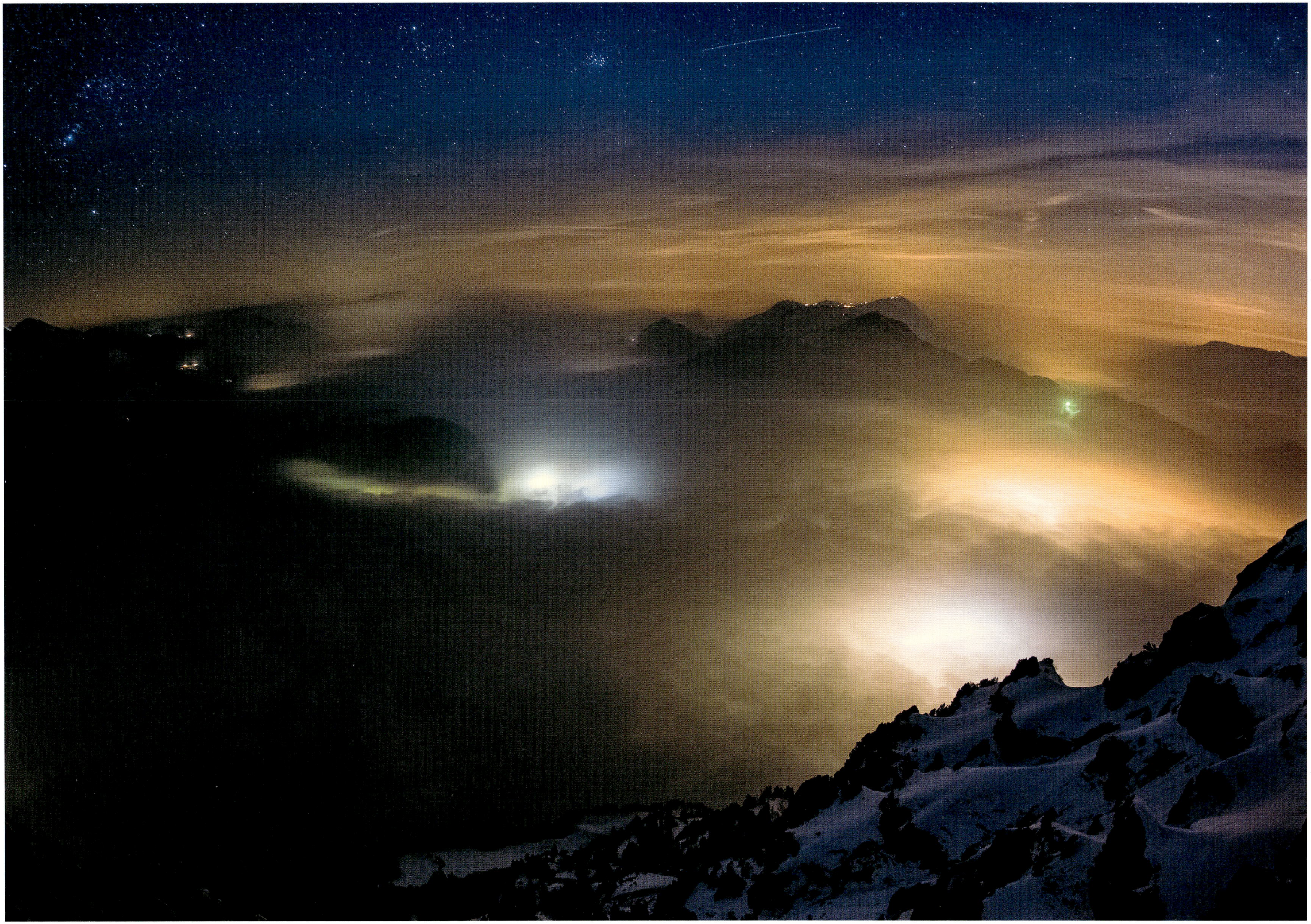

← 46°58'8.62"N / 8°38'13.14"E
← 46°58'8.62"N / 8°38'13.14"E
47°14'57.12"N / 9°20'32.32"E

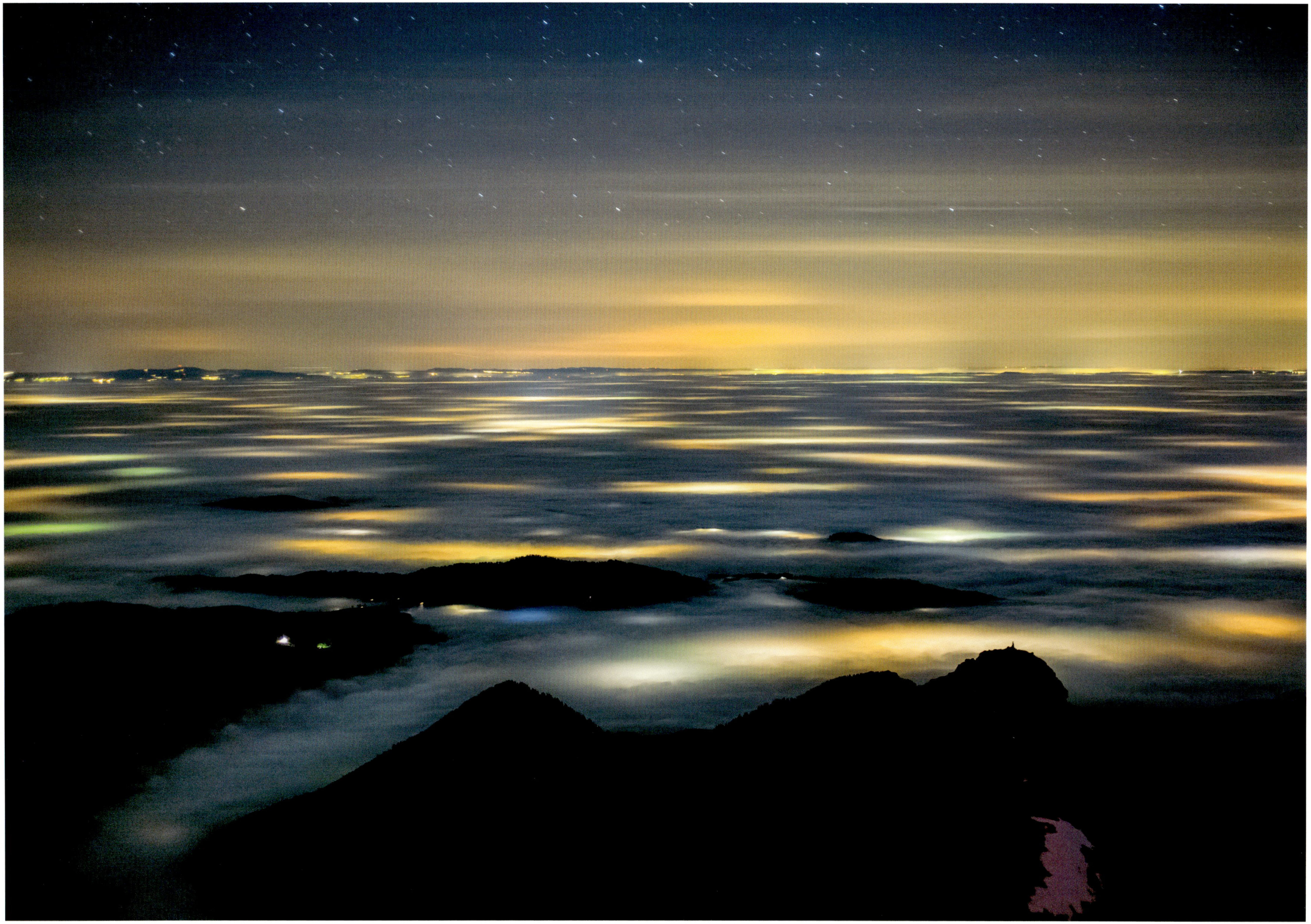

46°58'48.42"N / 8°15'13.58"E

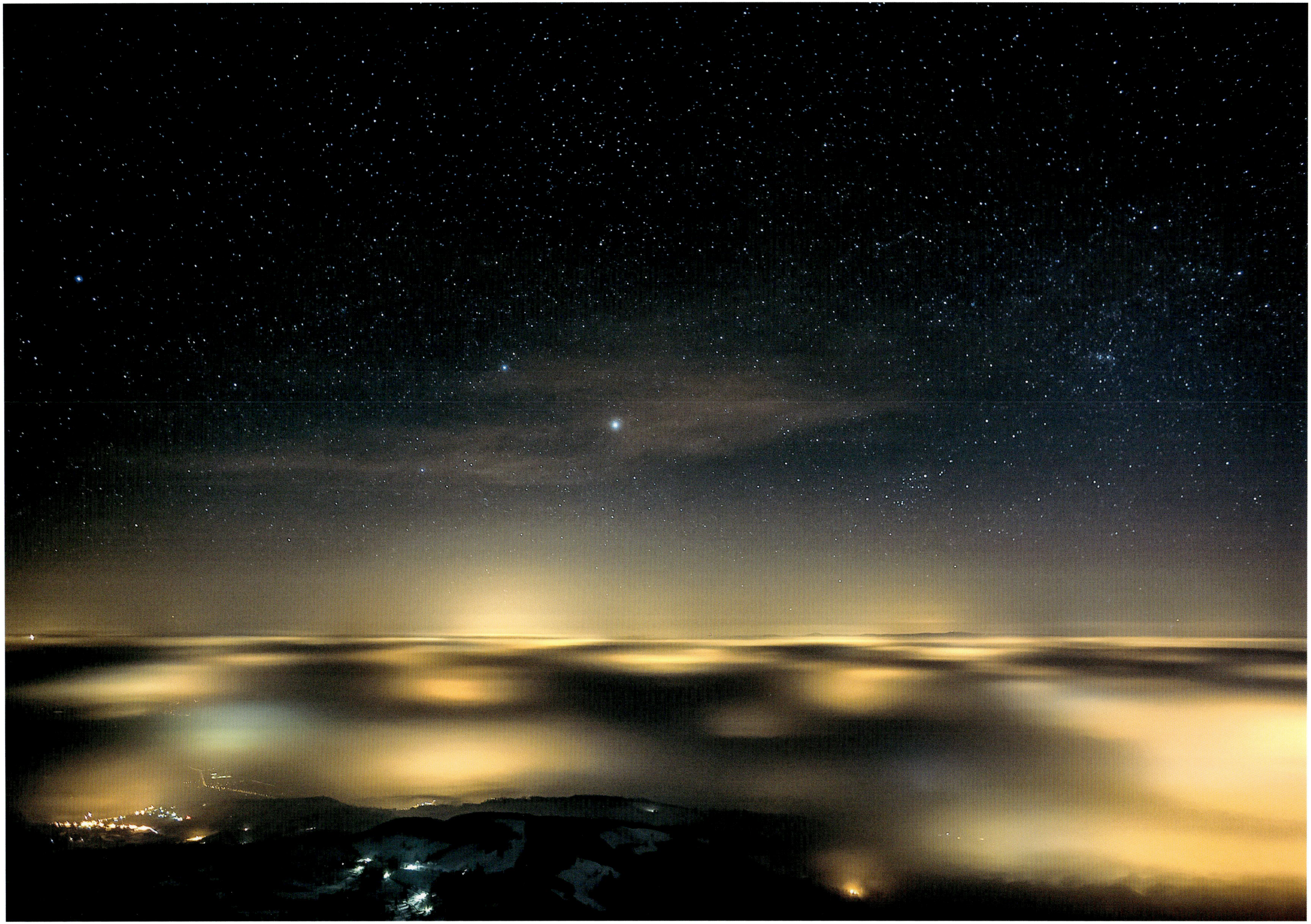

46°58'8.62"N / 8°38'13.14"E

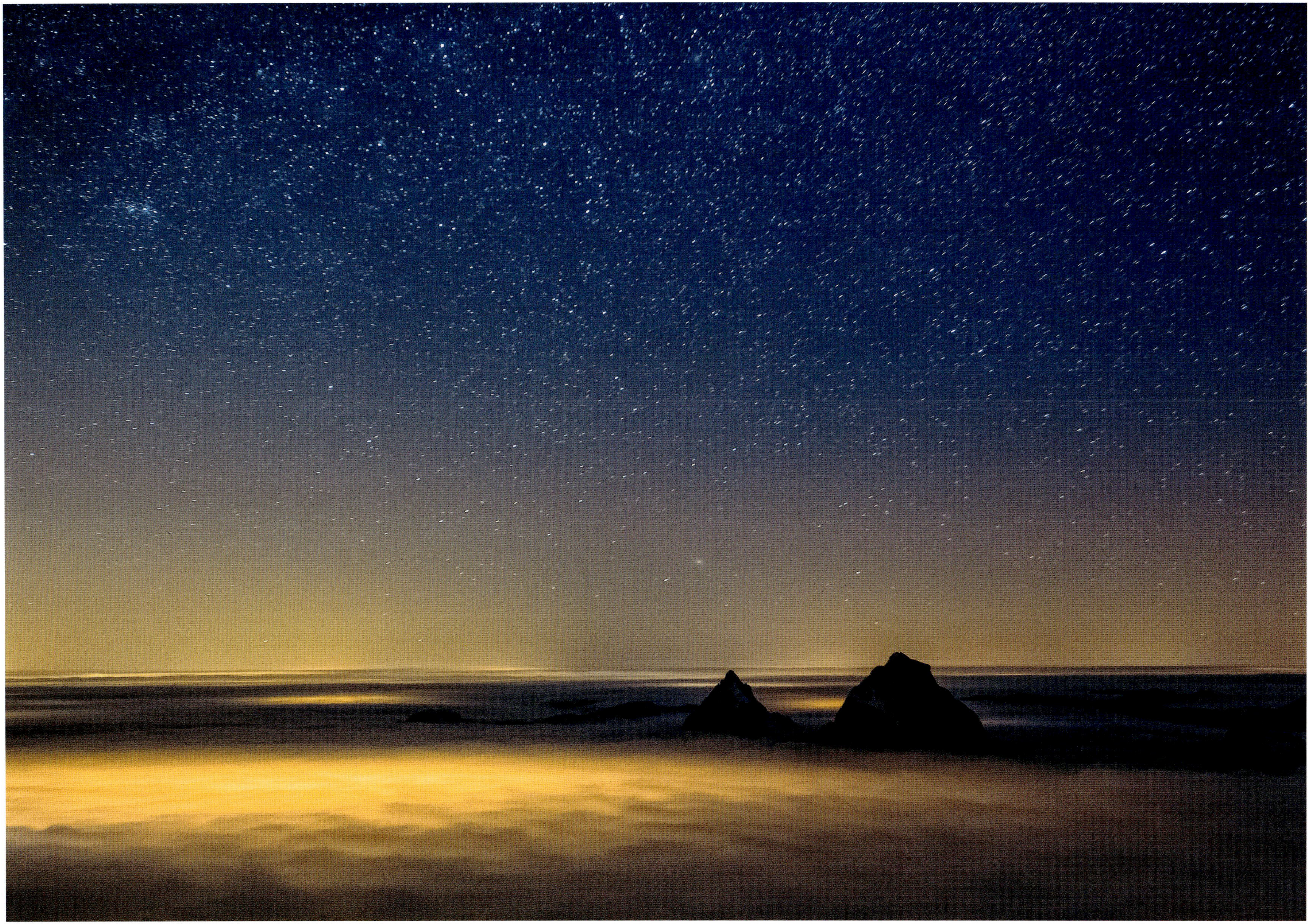

46°58'48.42"N / 8°15'13.58"E

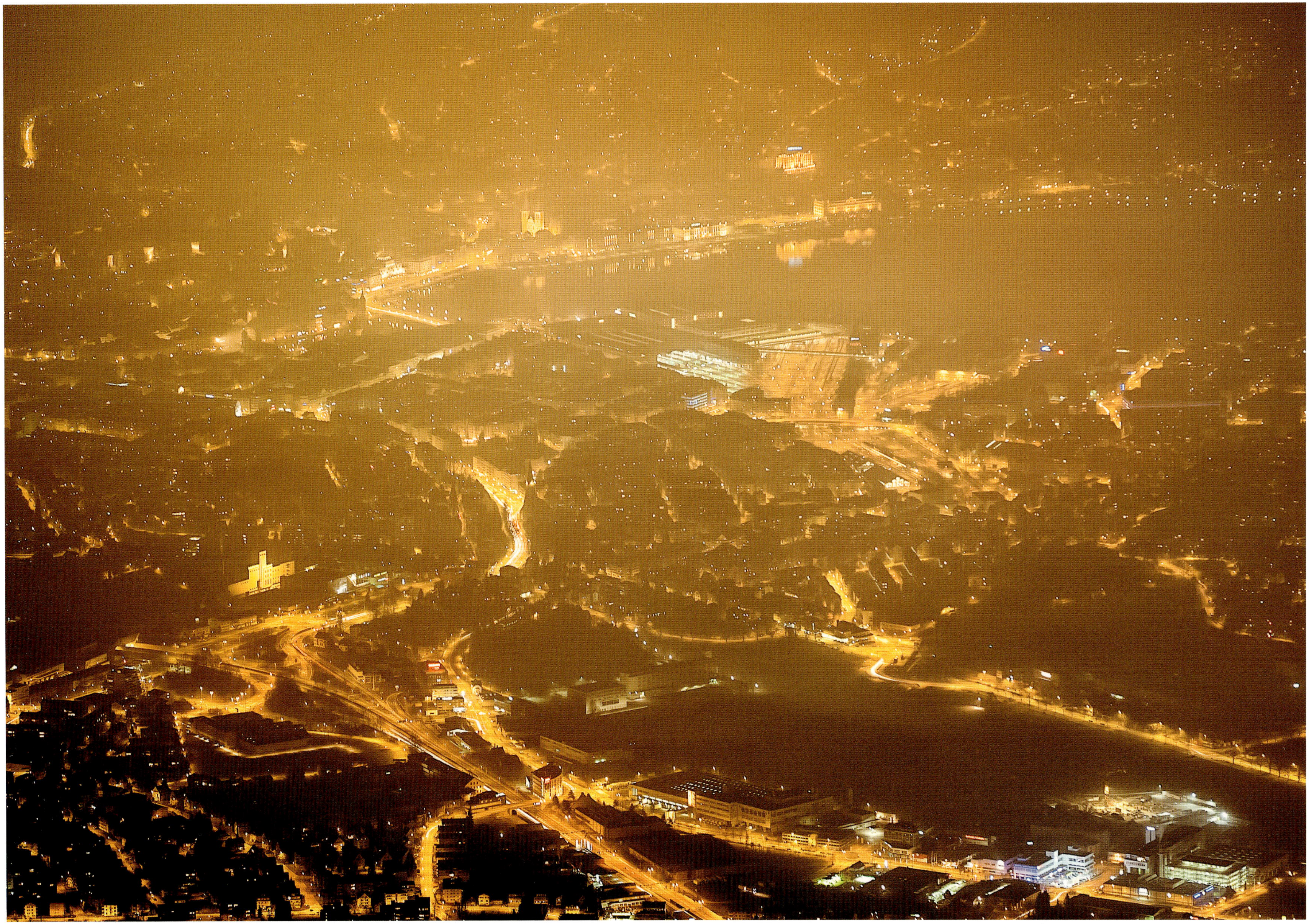

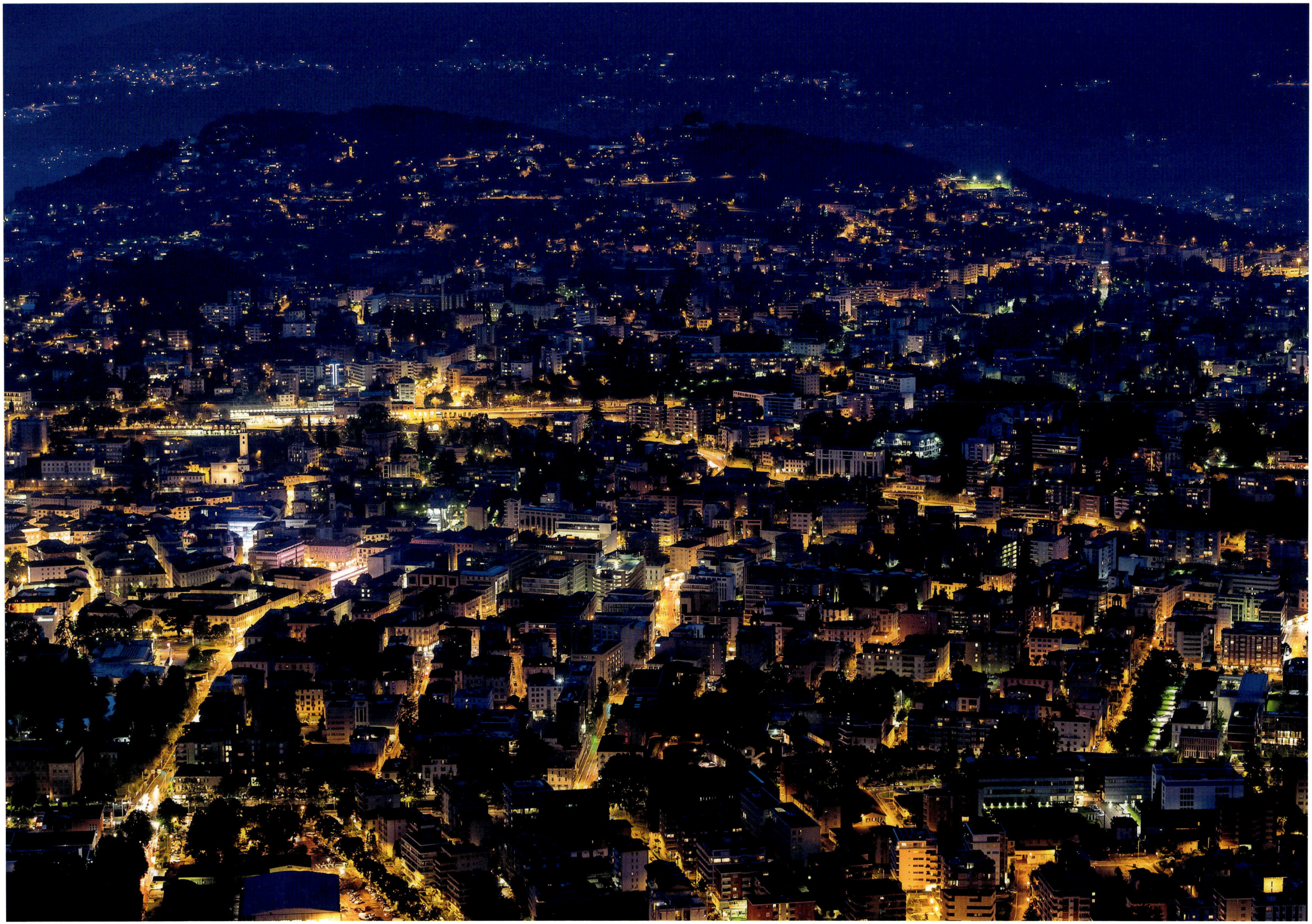

46°25'54.72"N / 6°58'34.09"E

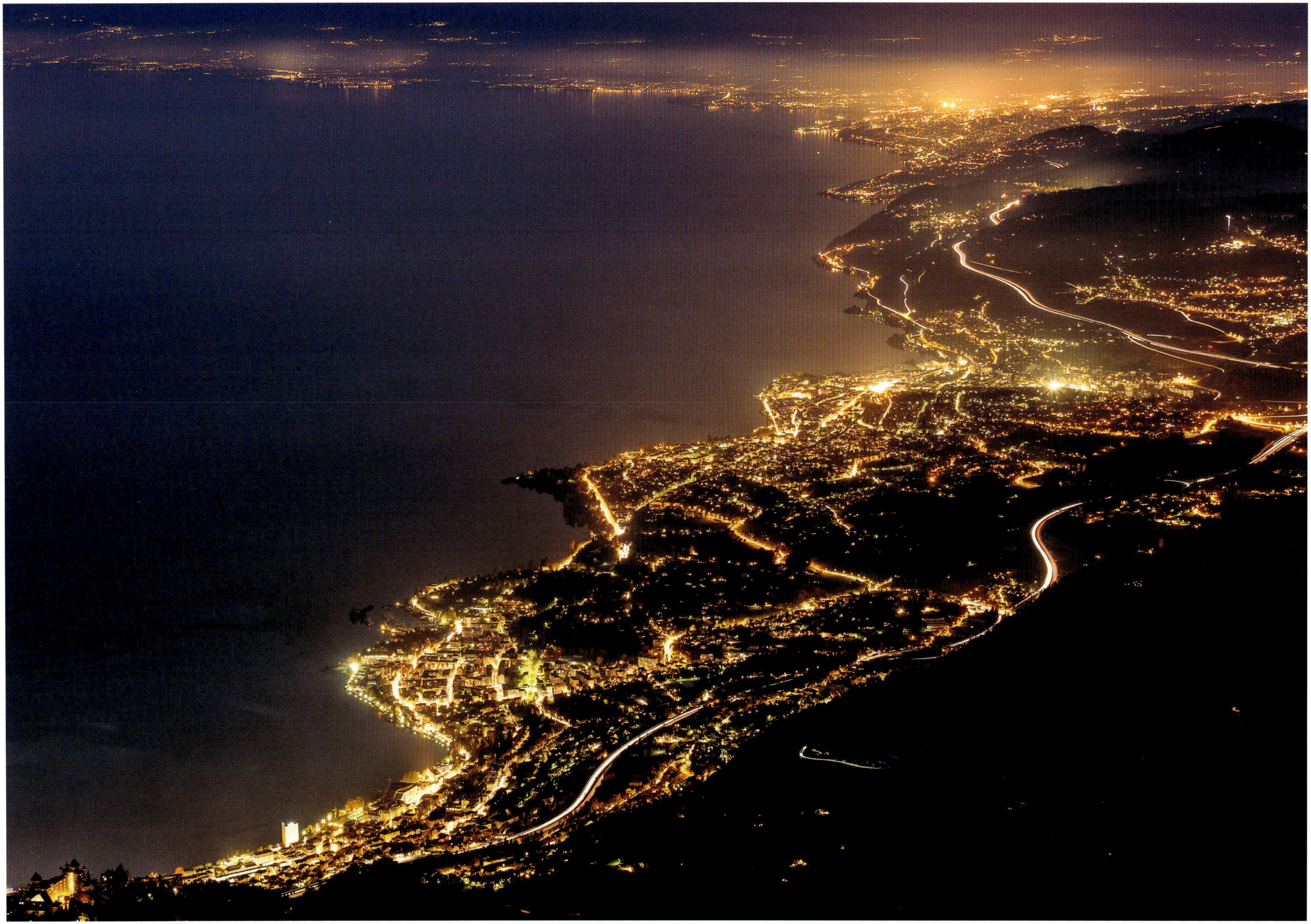

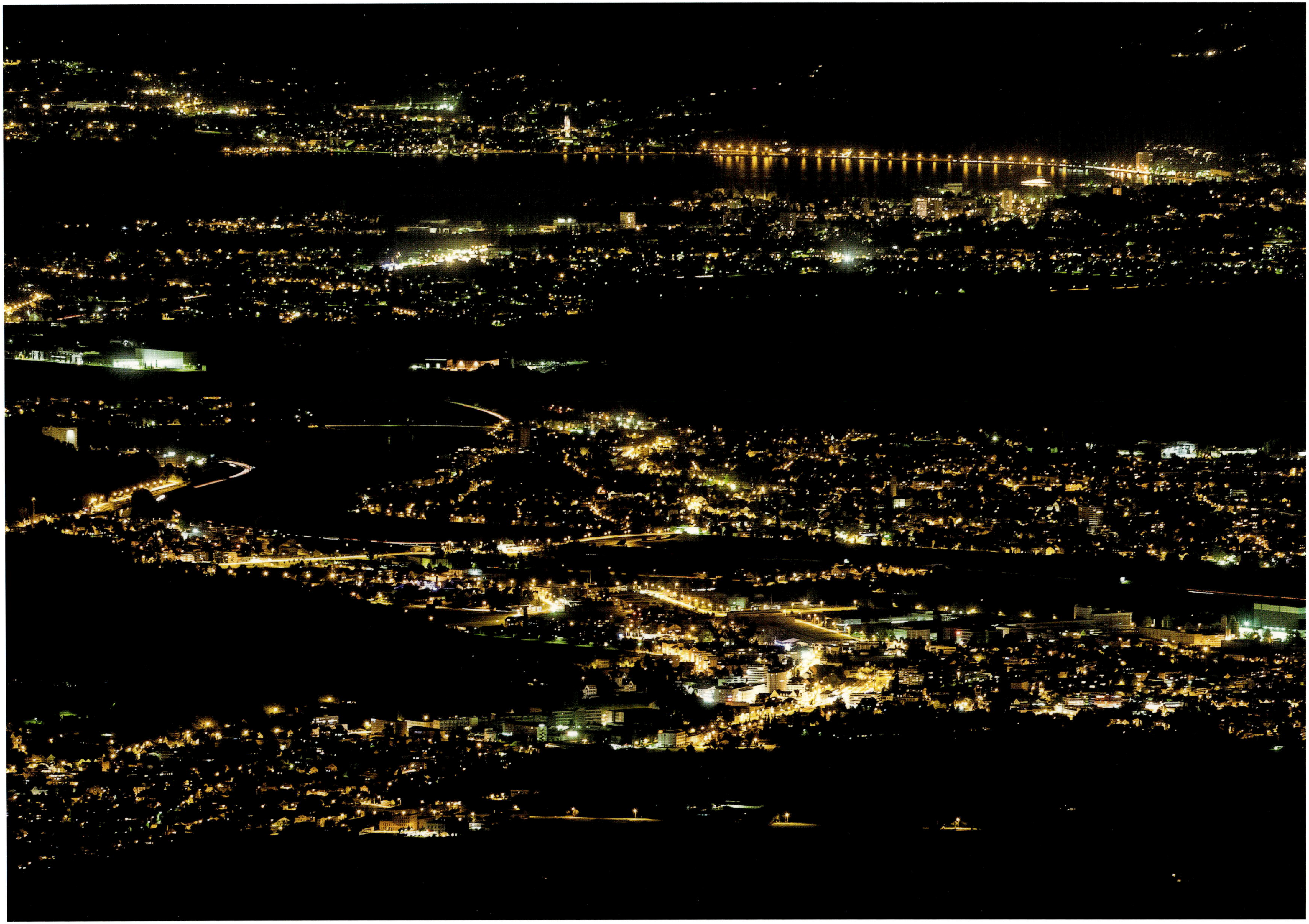

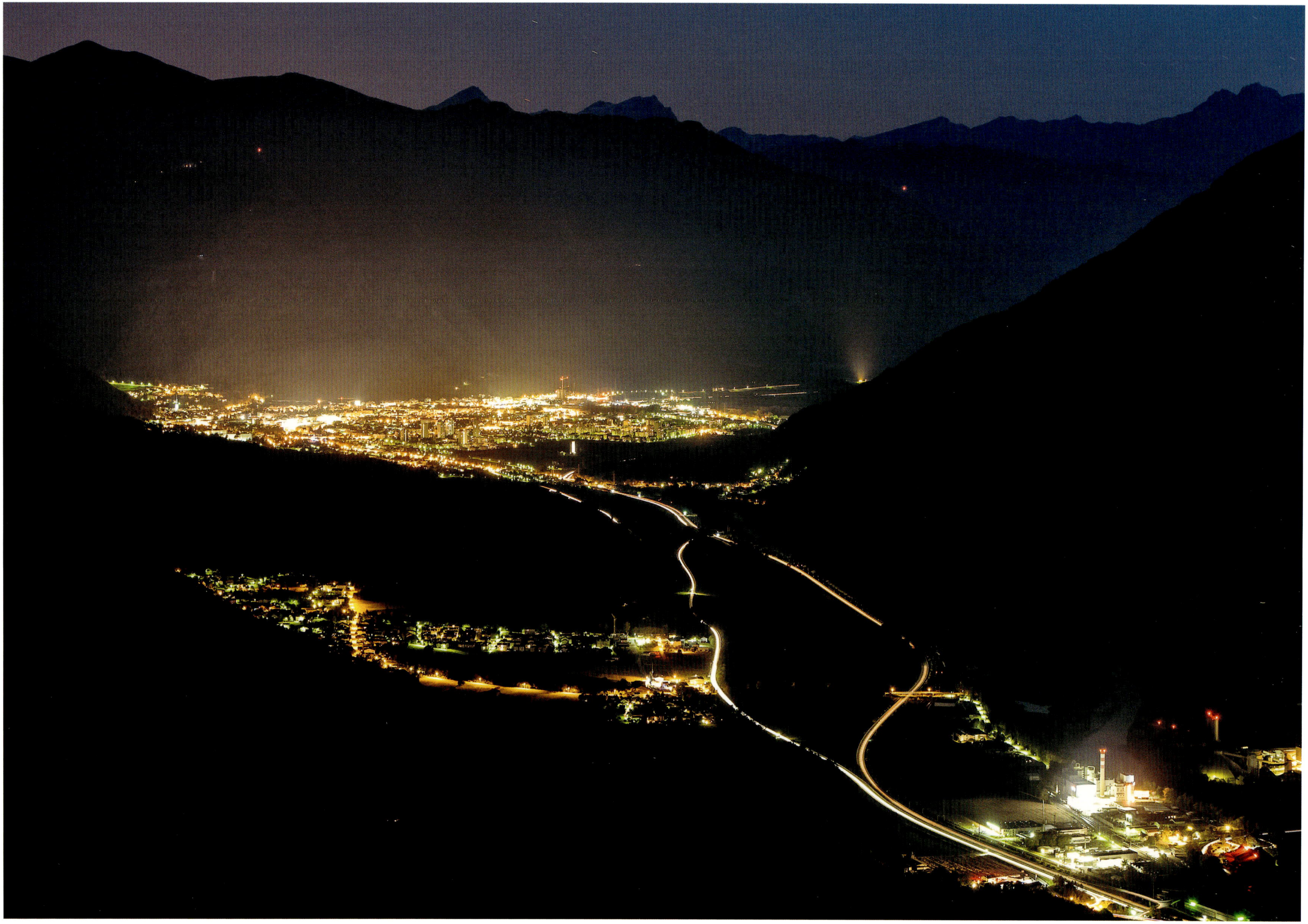

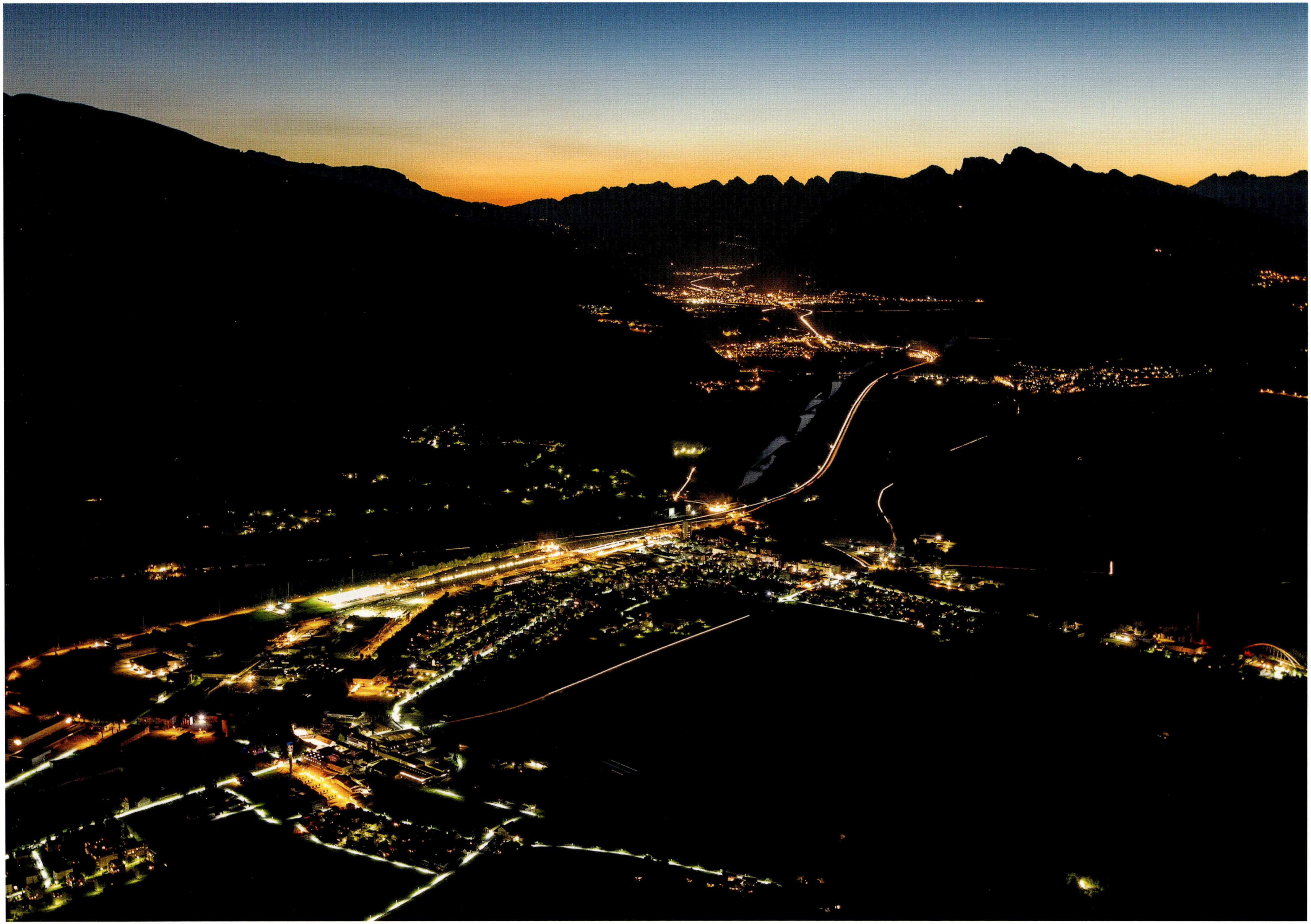

←← 46°56'42.71"N / 9°35'38.45"E
← 46°56'42.71"N / 9°35'38.45"E
46°55'47.07"N / 8°20'24.72"E

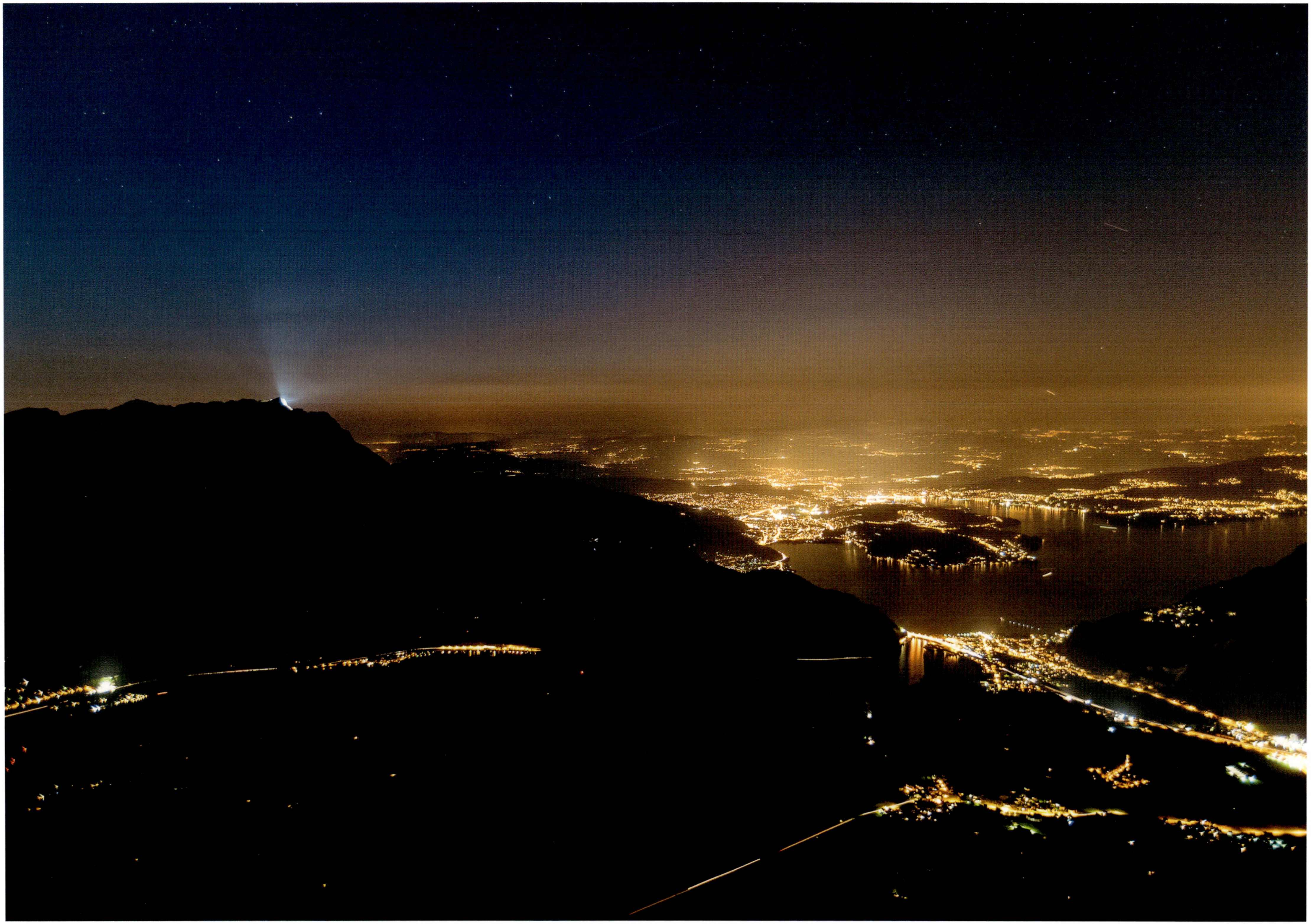

47°28'42.51"N / 8°26'30.86"E

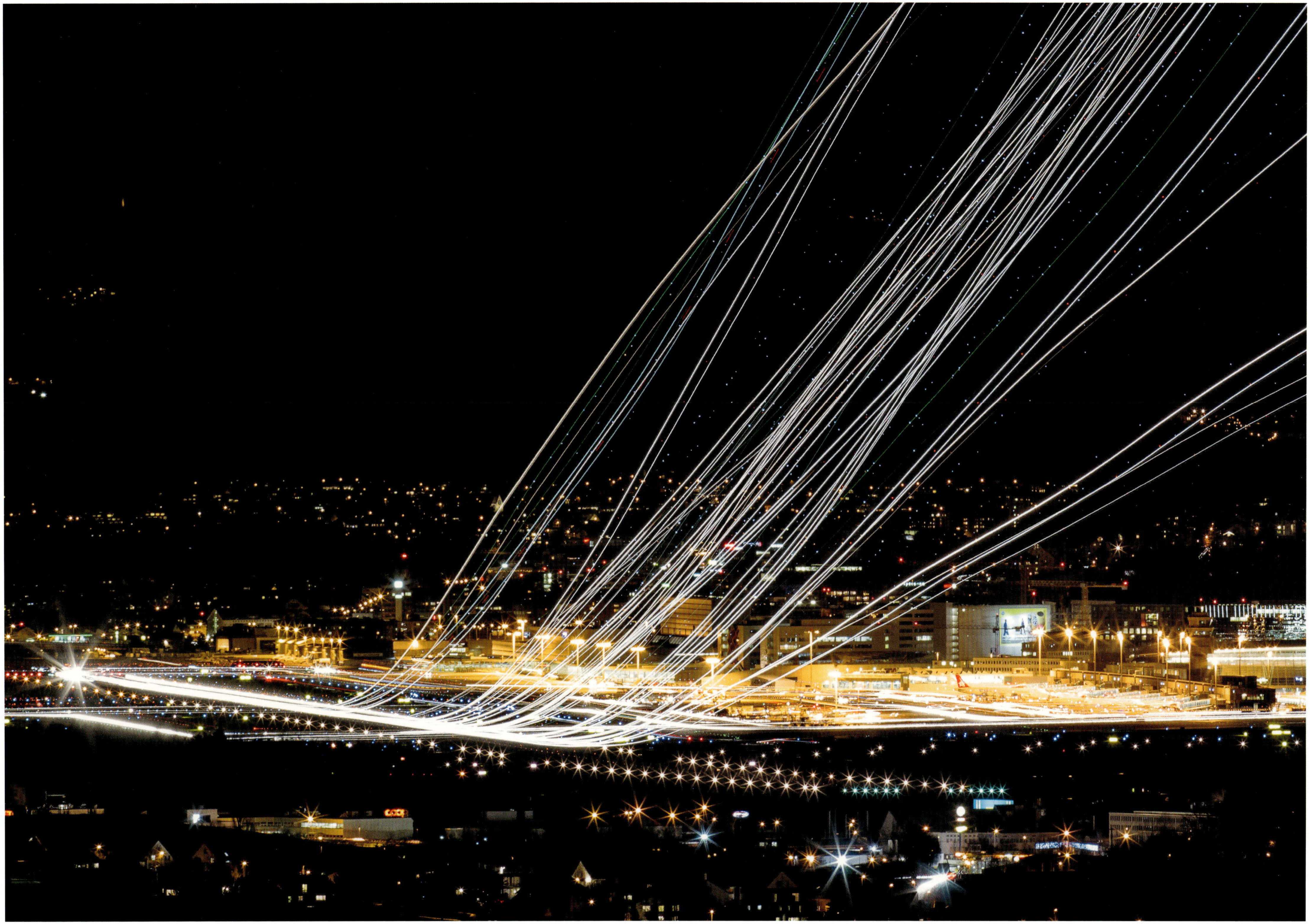

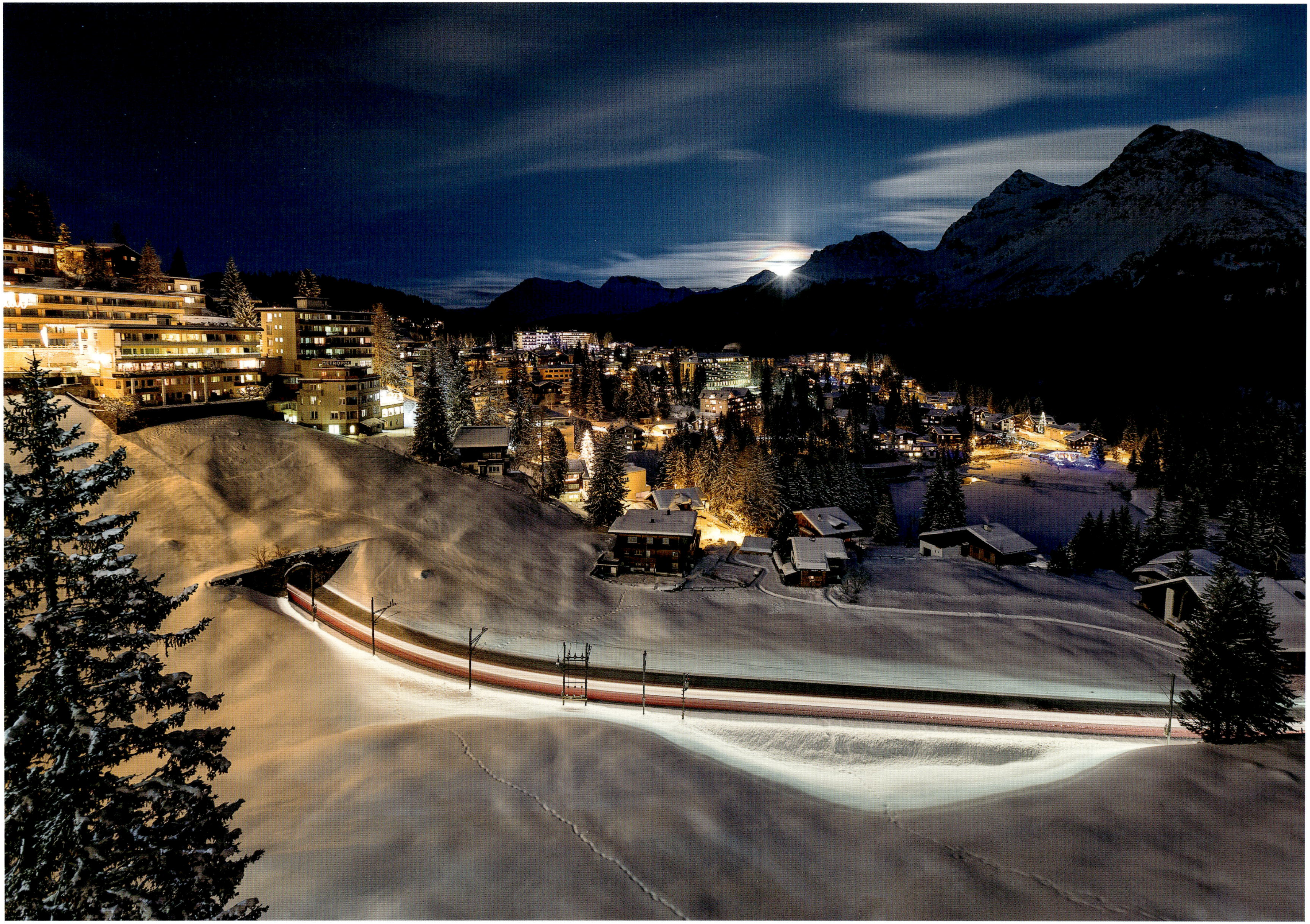

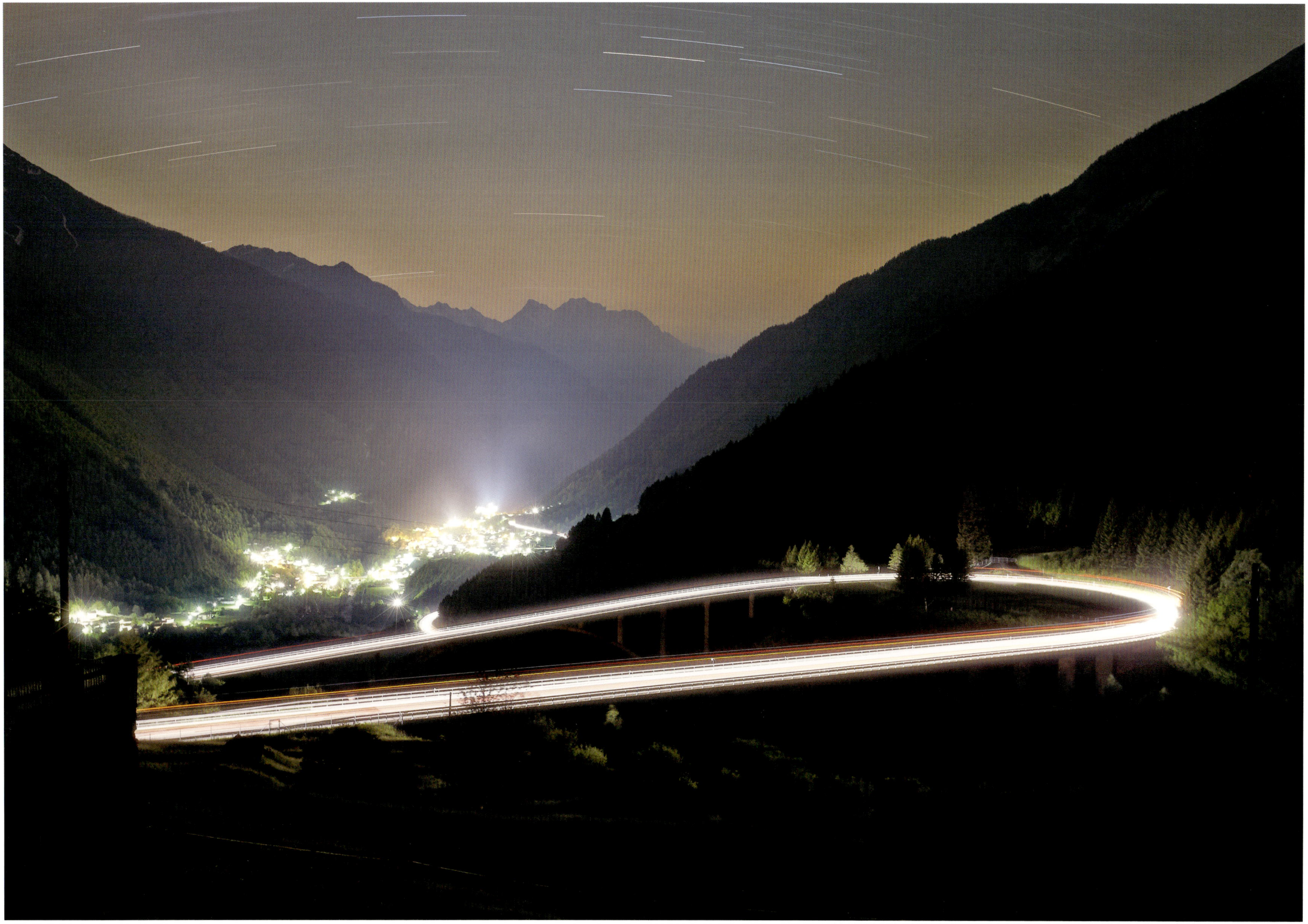

←← 46°46'44.05"N / 9°40'41.26"E

← 46°24'55.90"N / 9°13'46.55"E

47°27'21.67"N / 8°34'43.00"E

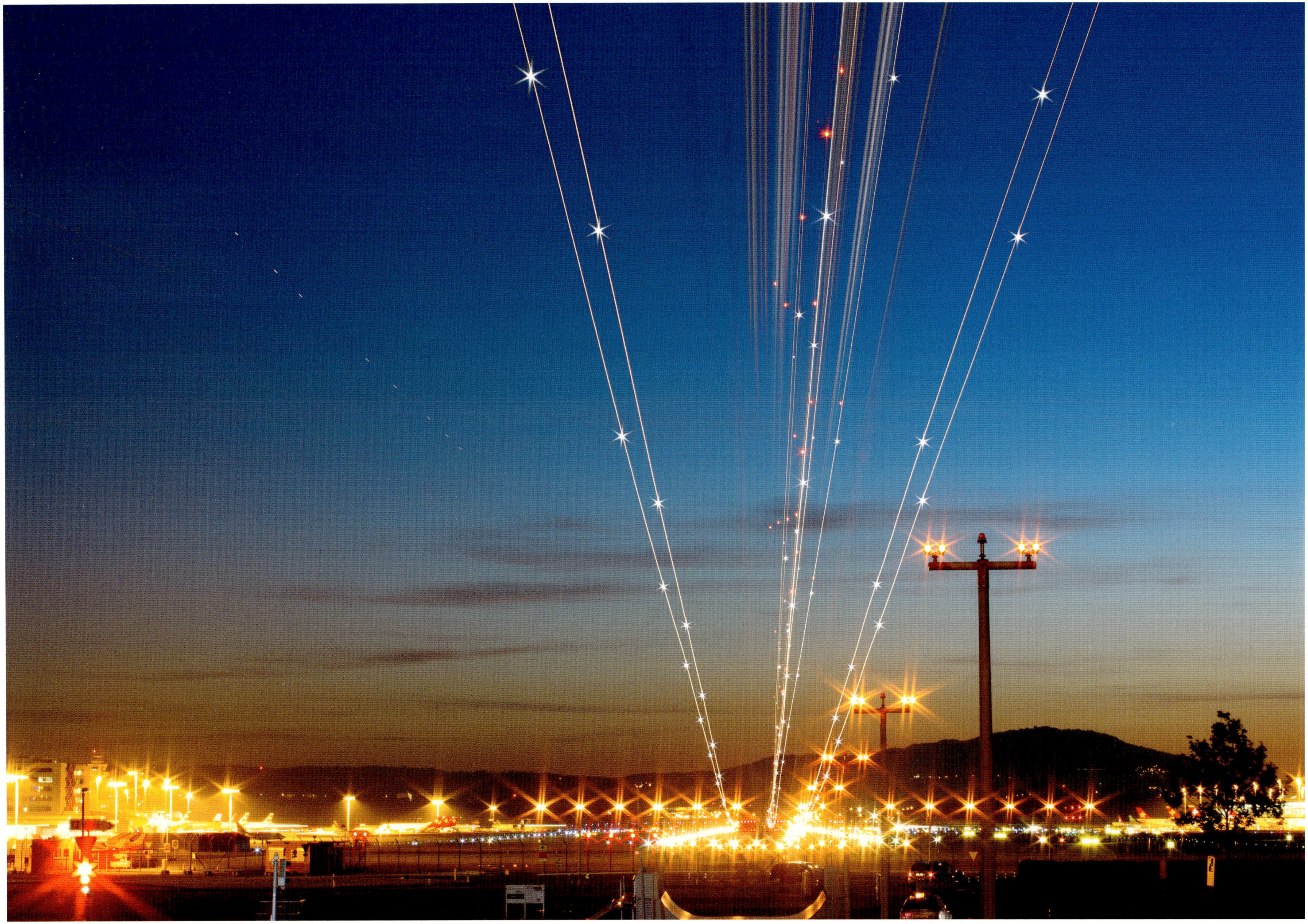

47°29'12.35"N / 8°31'42.57"E

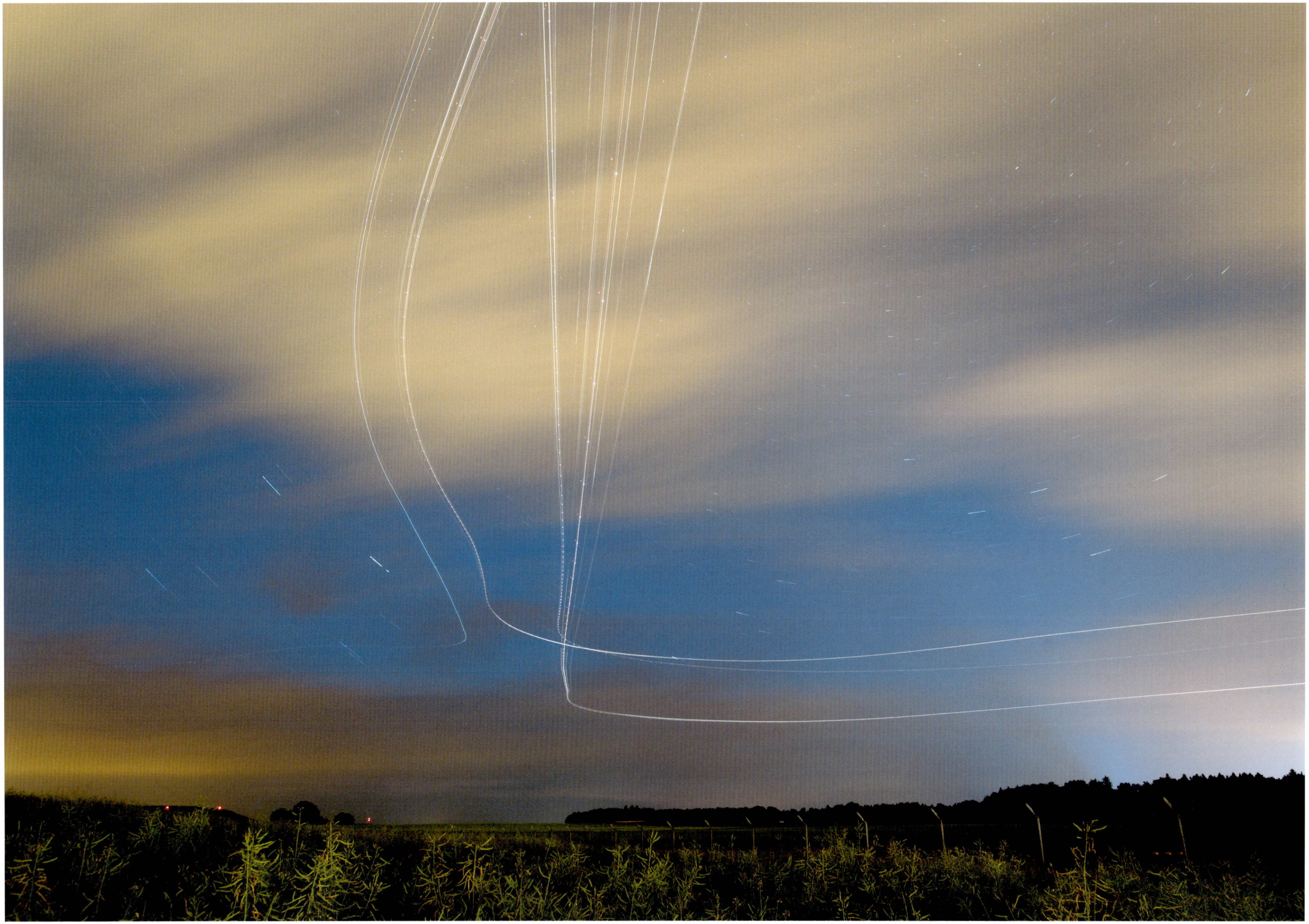

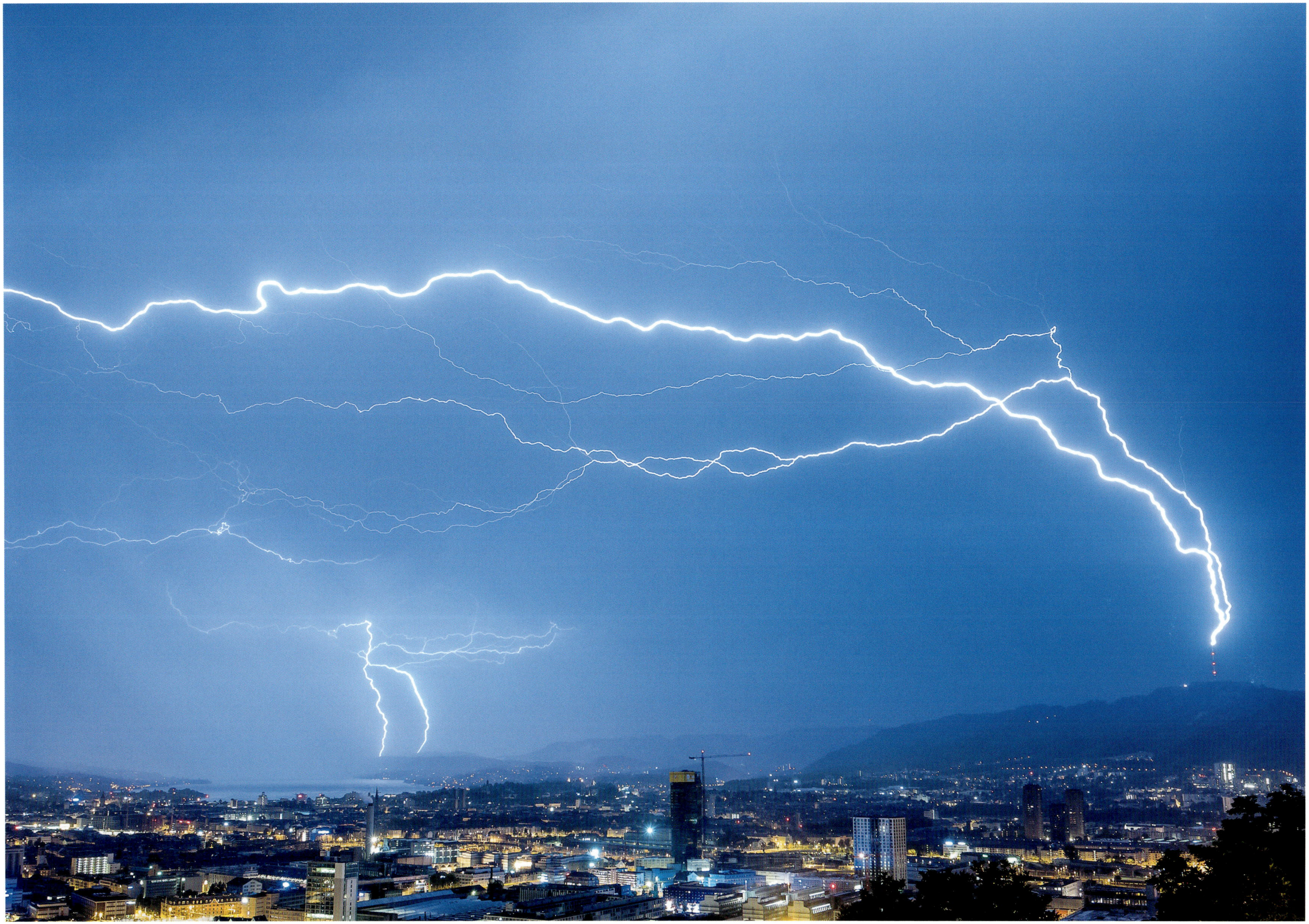

47°23'58.78"N / 8°30'56.43"E

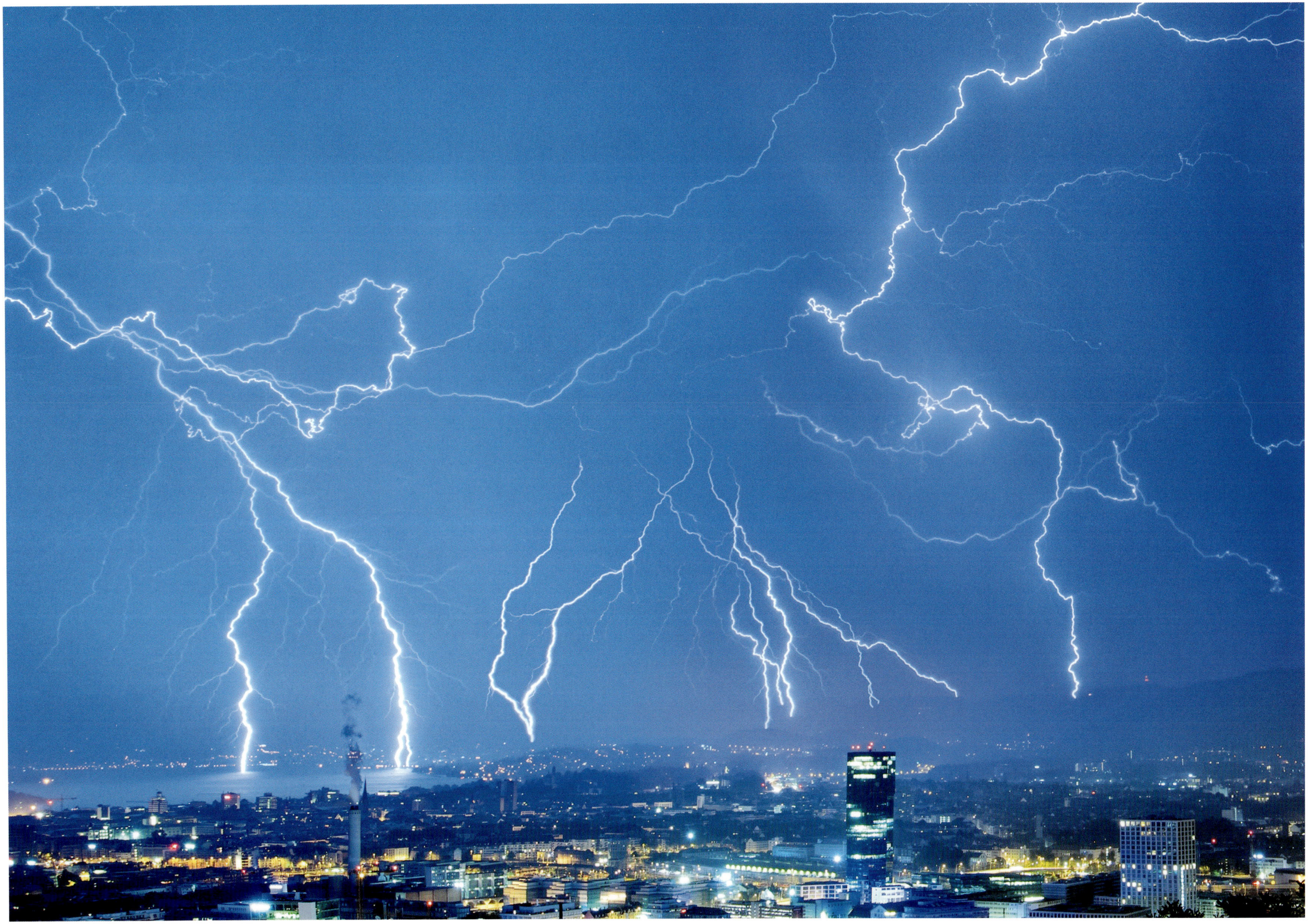

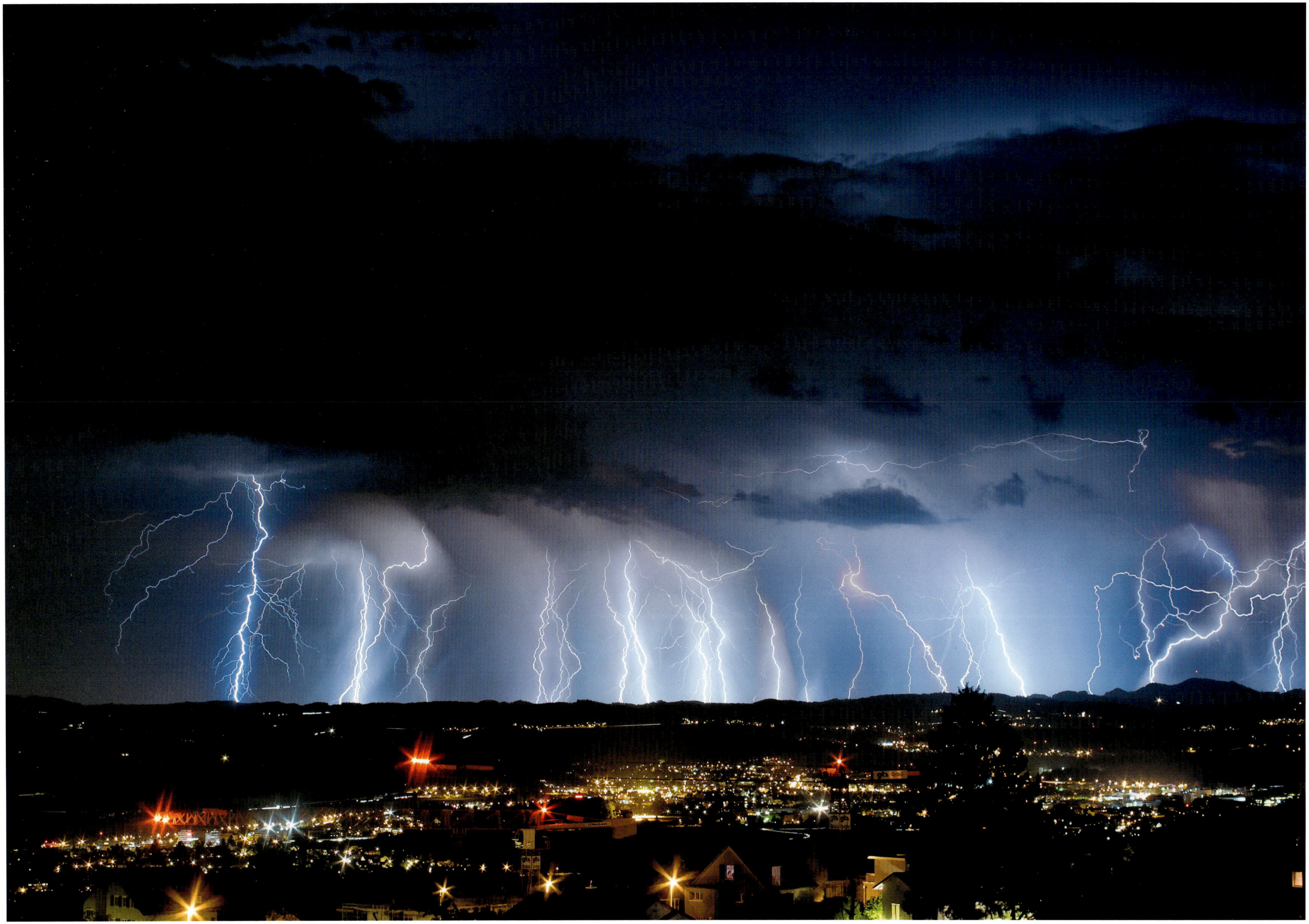

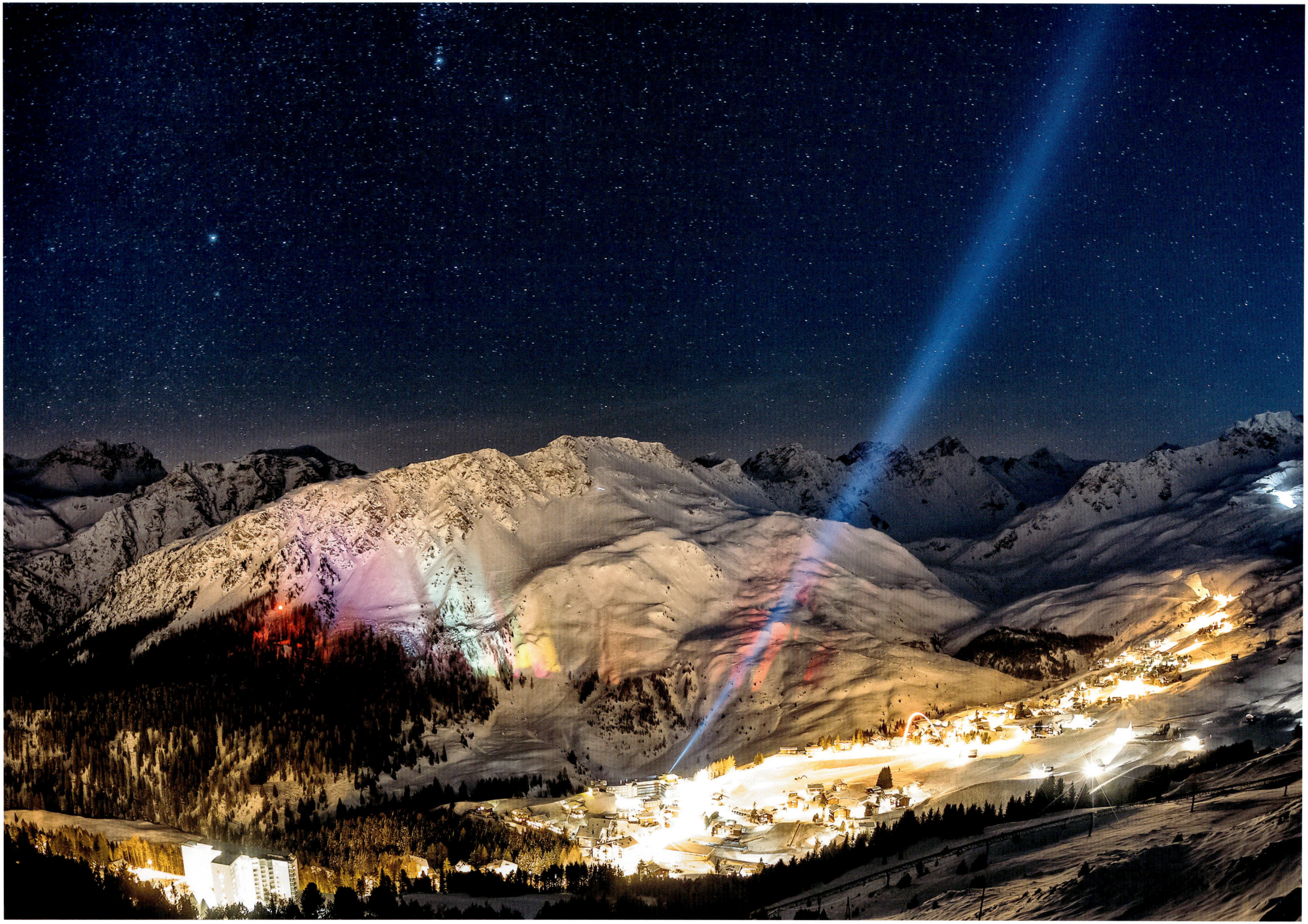

46°46'56.18"N / 9°39'56.95"E

46°50'18.97"N / 7°28'49.33"E

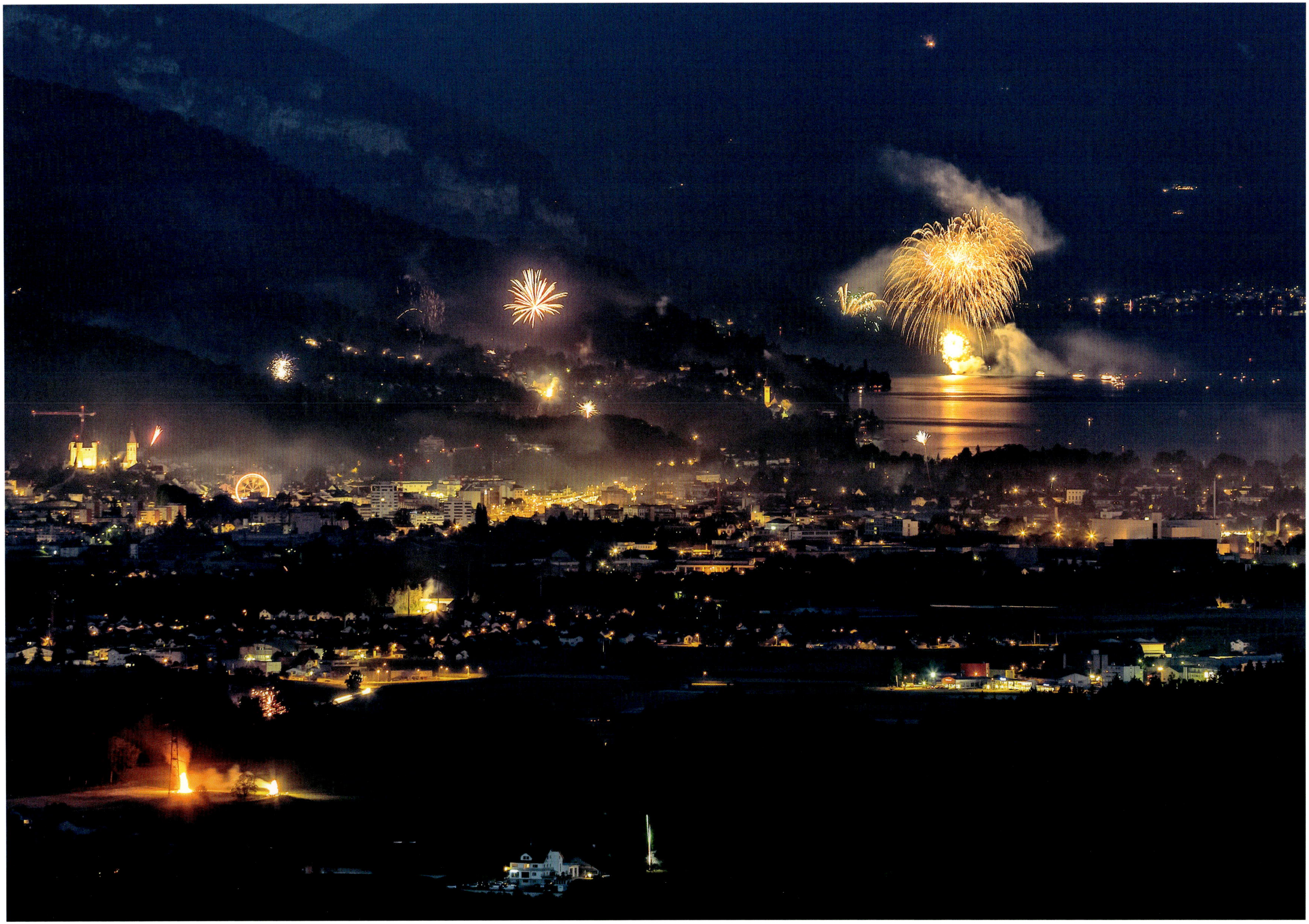

46°50'18.97"N / 7°28'49.33"E

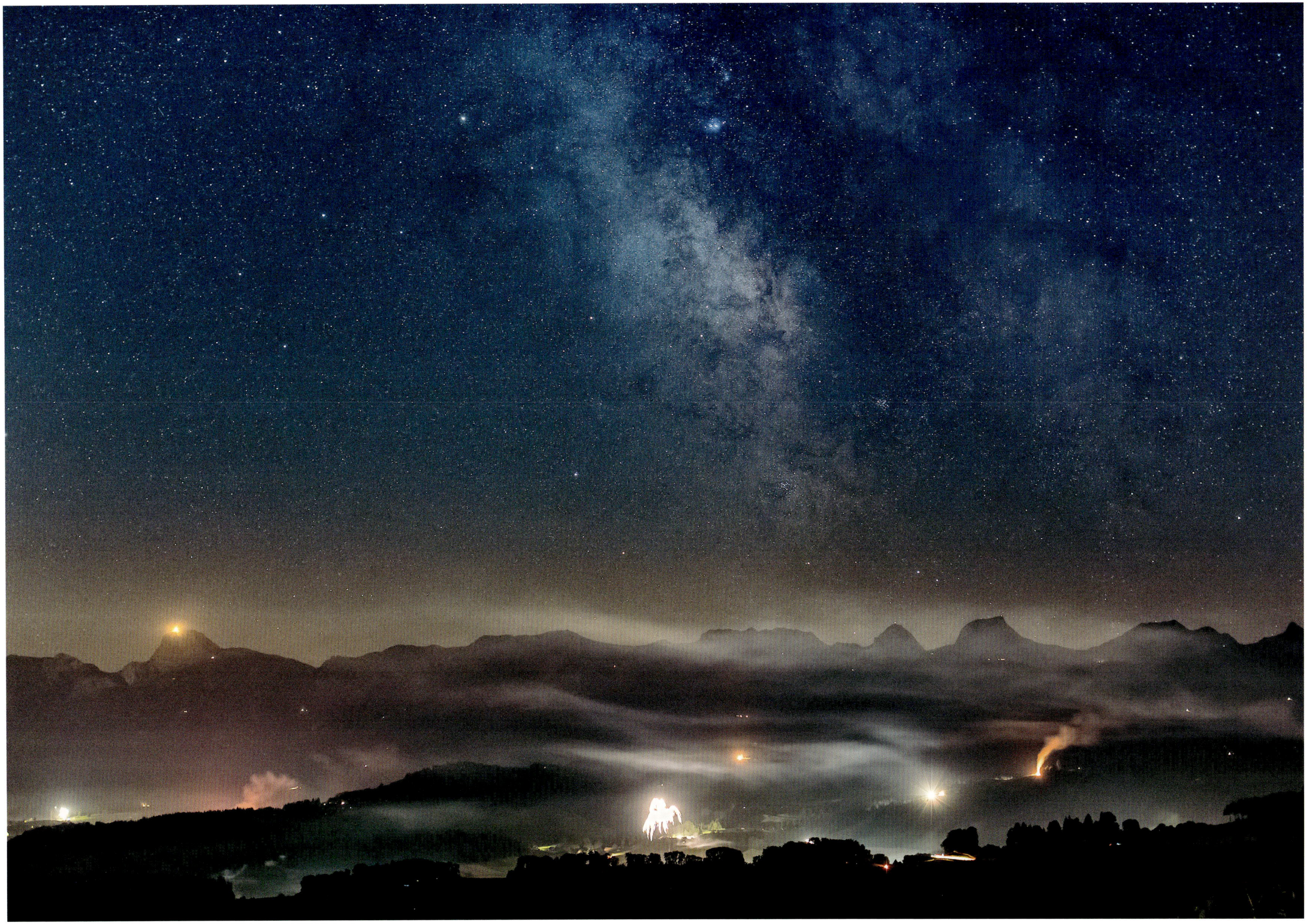

46°46'56.18"N / 9°39'56.95"E

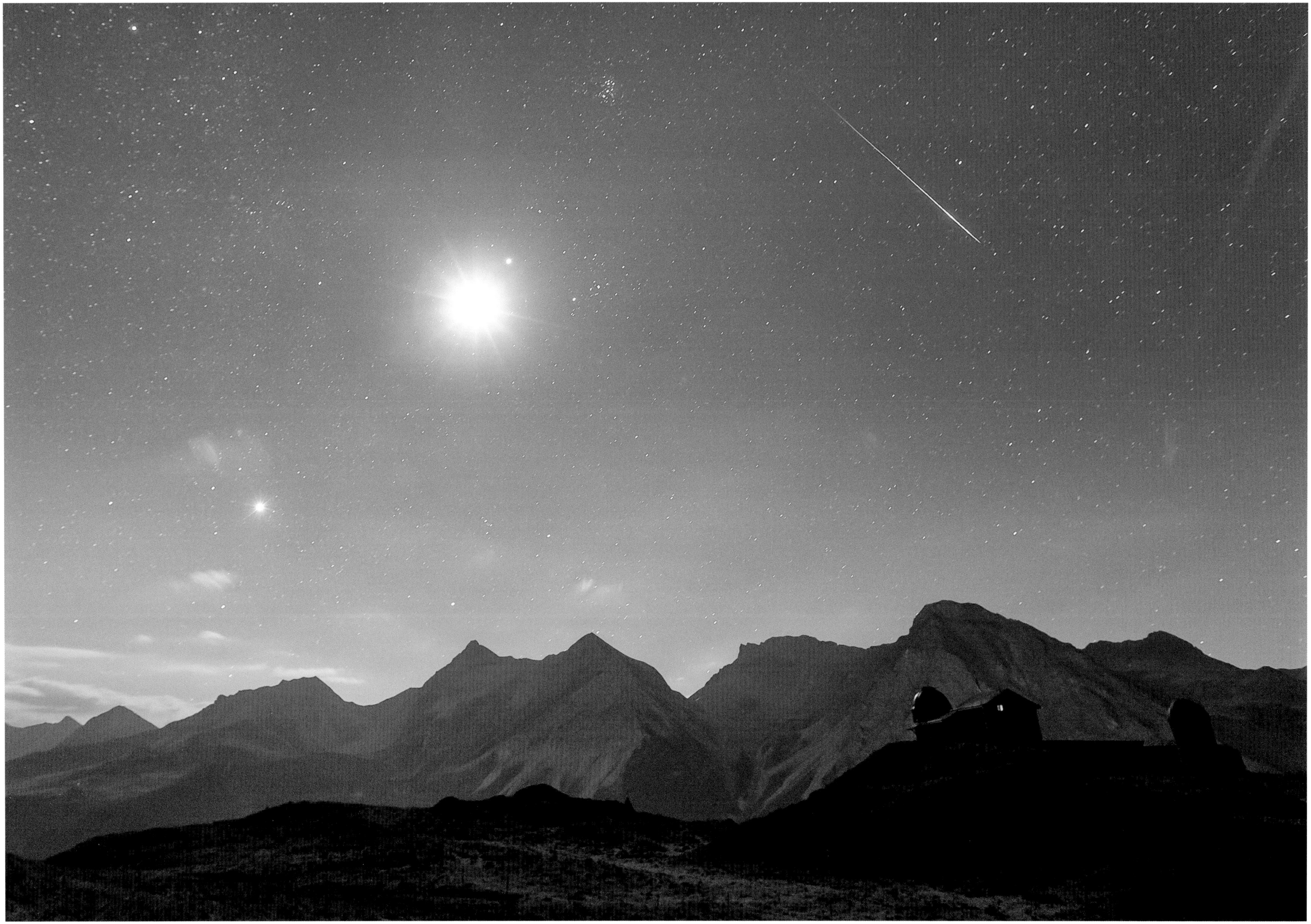

46°46'24.15"N / 8°25'42.46"E

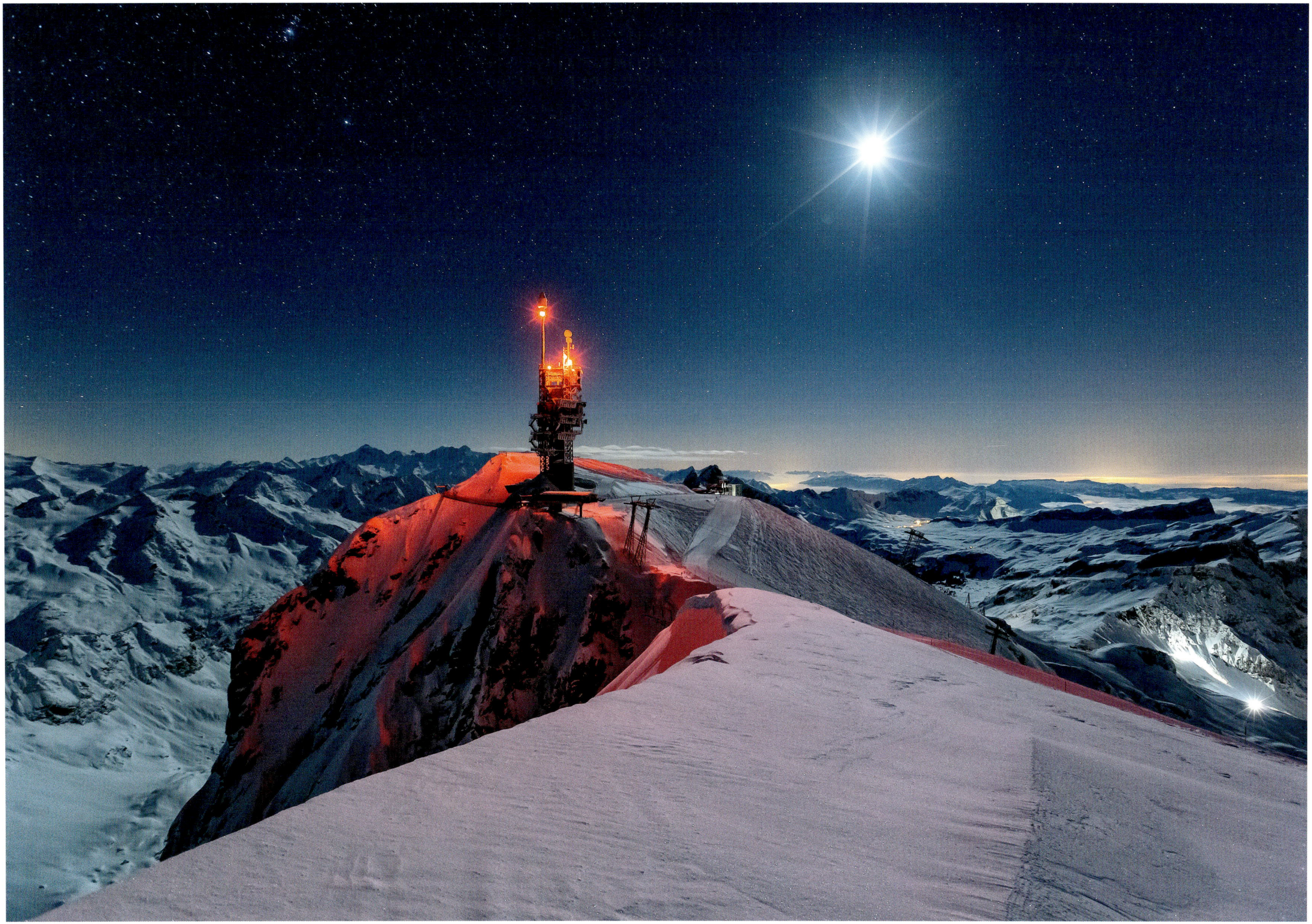

46°25'3.73"N / 9°49'14.76"E

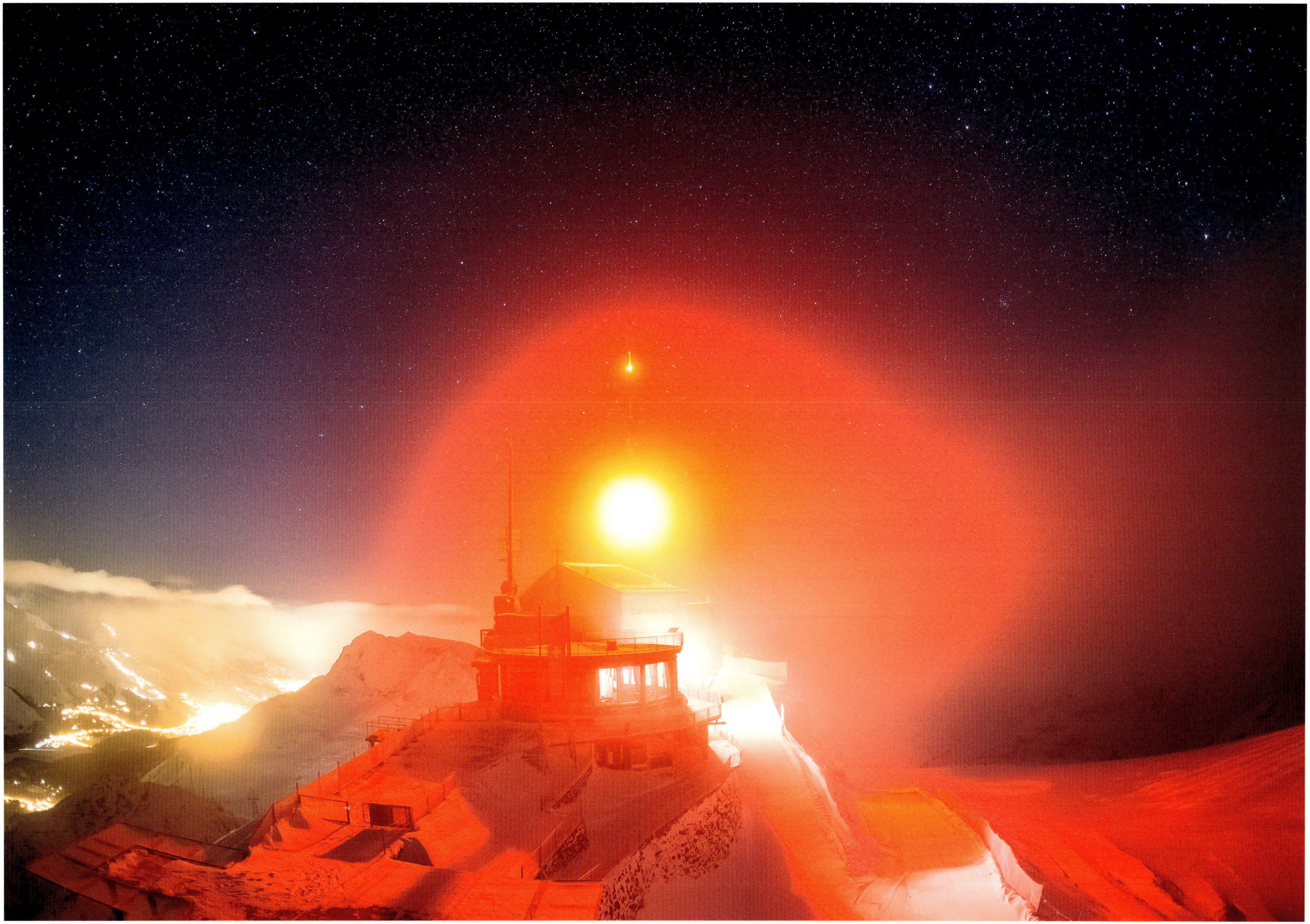

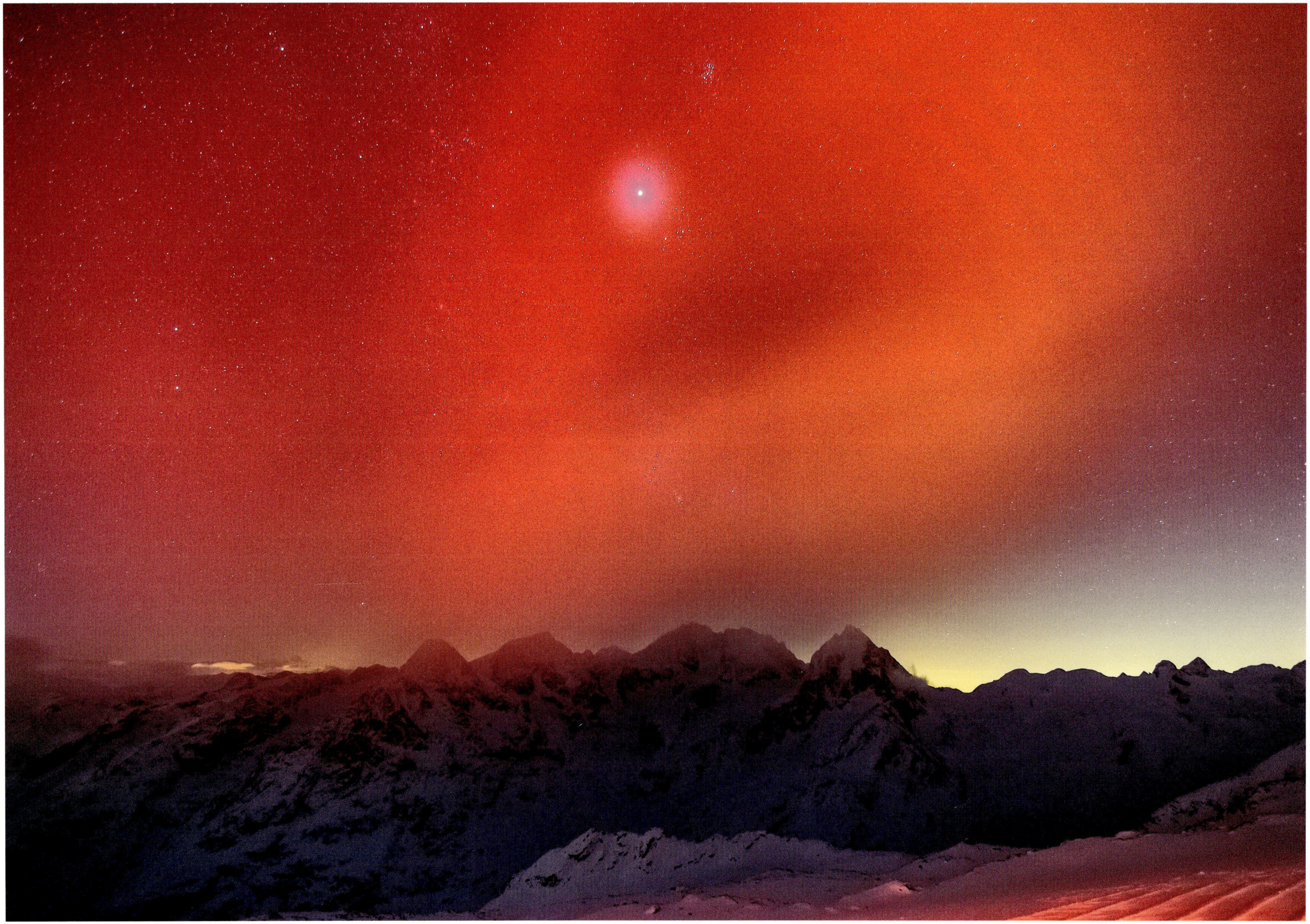

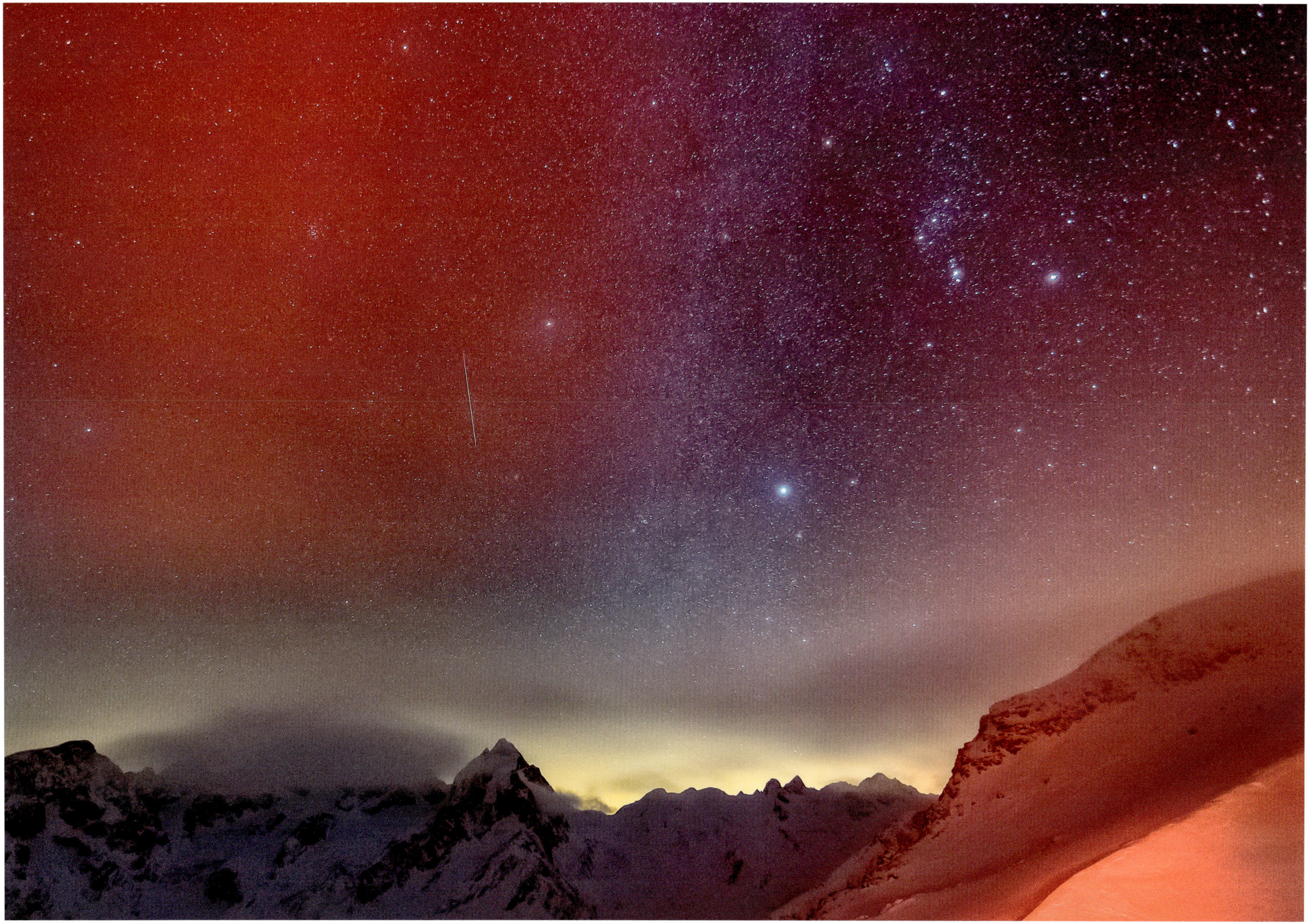

← ← 46°25'3.73"N / 9°49'14.76"E
← 46°25'3.73"N / 9°49'14.76"E
46°25'3.73"N / 9°49'14.76"E

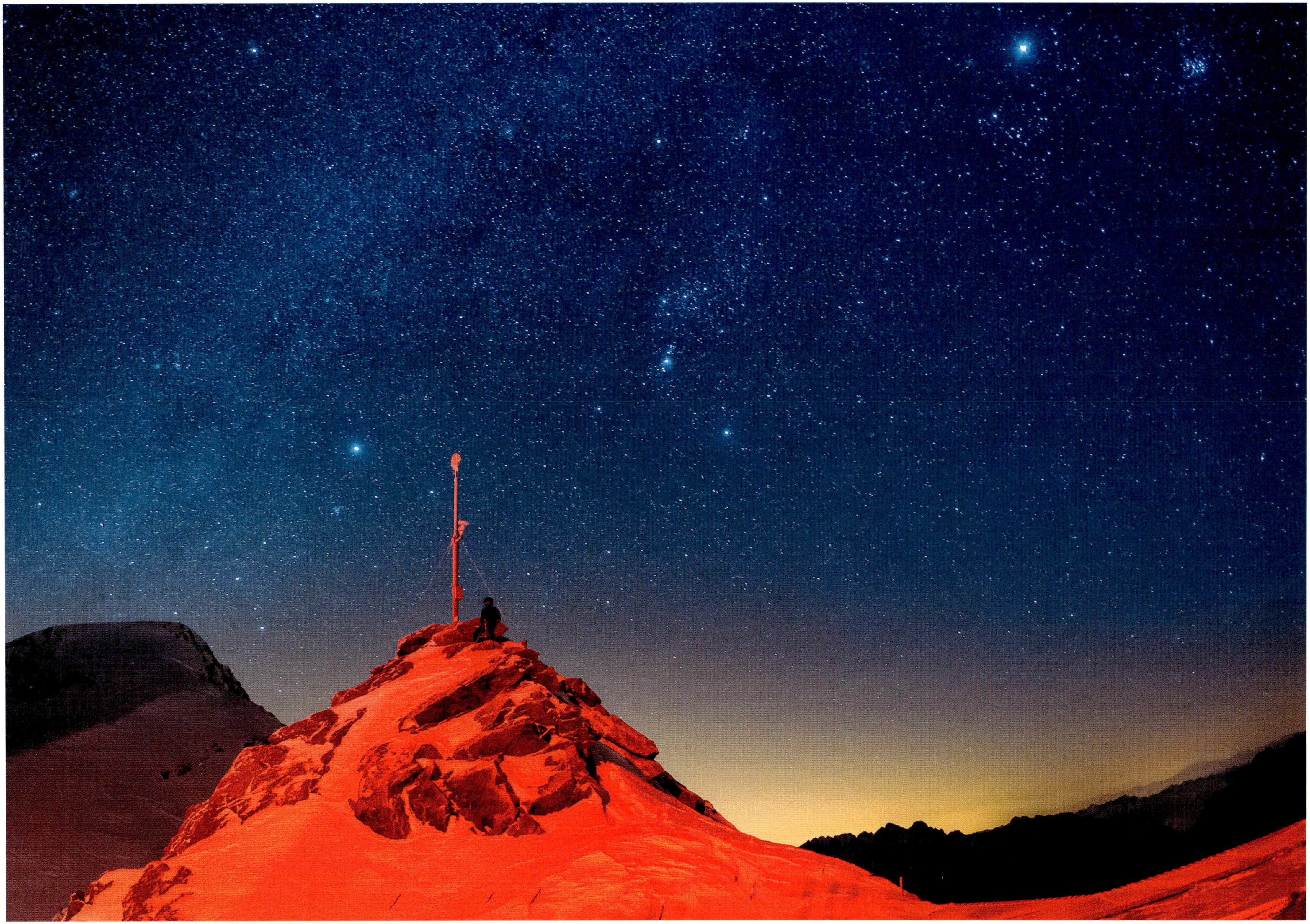

47°14'57.12"N / 9°20'32.32"E

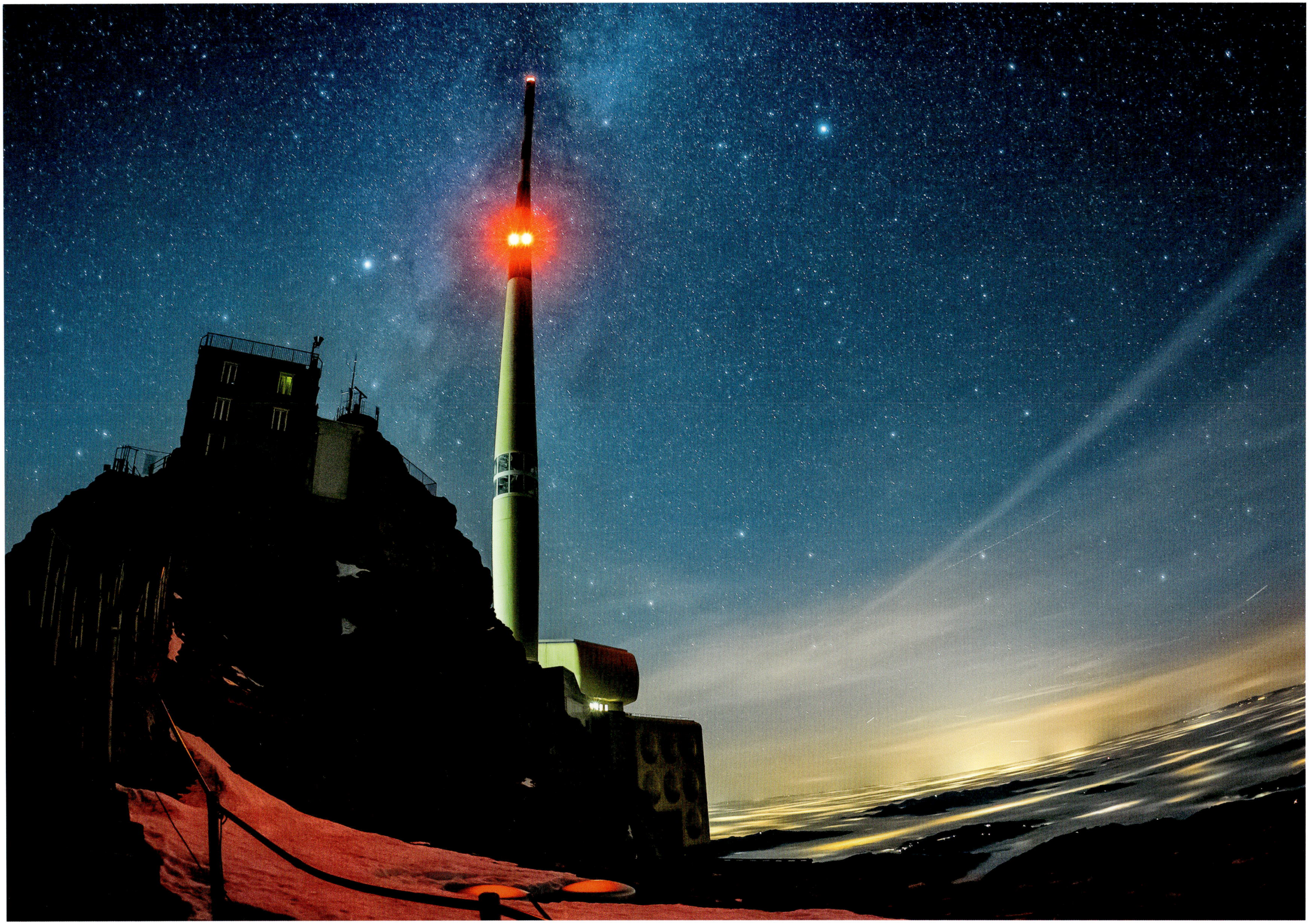

46°58'48.42"N / 8°15'13.58"E

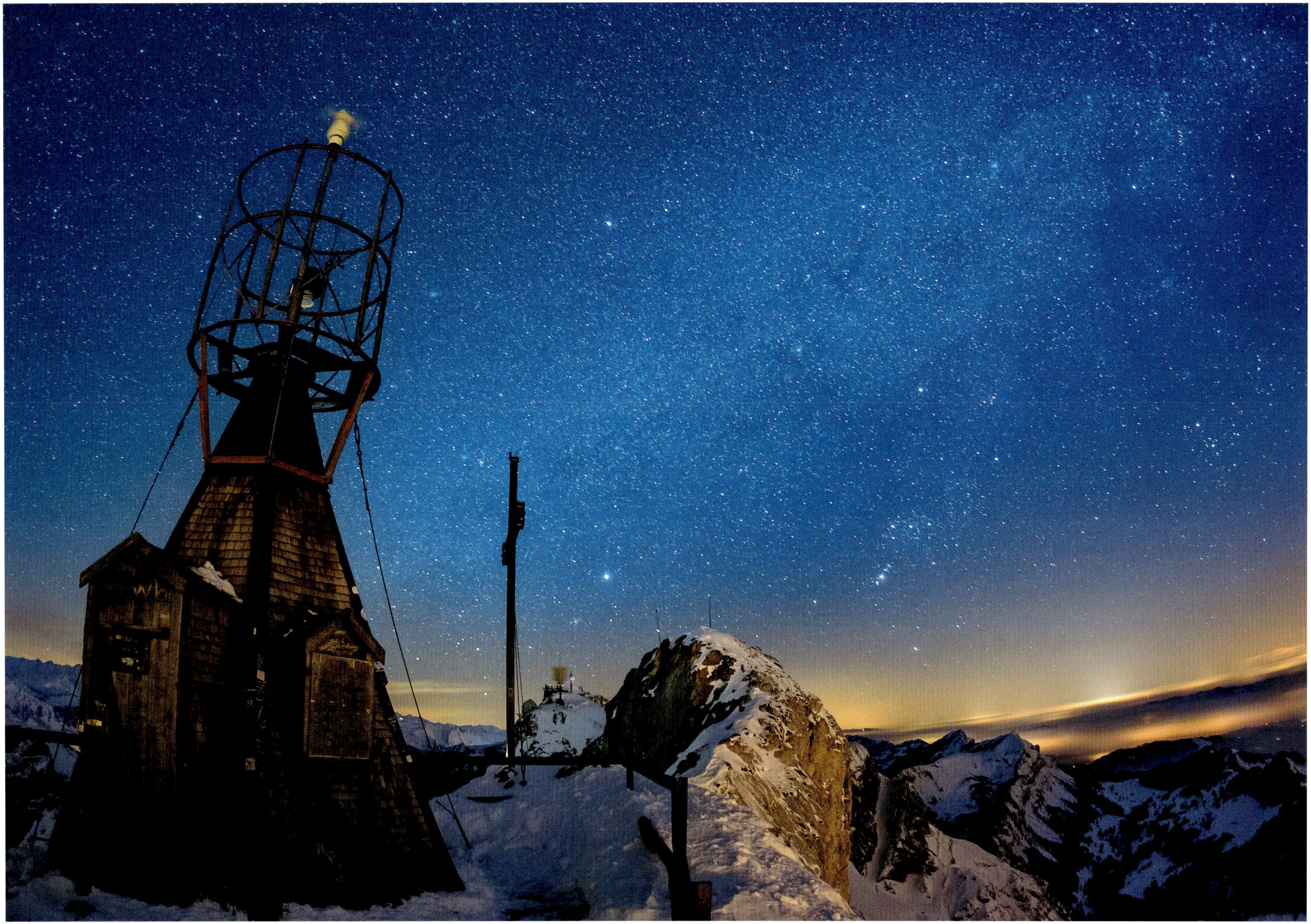

46°55'47.07"N / 8°20'24.72"E

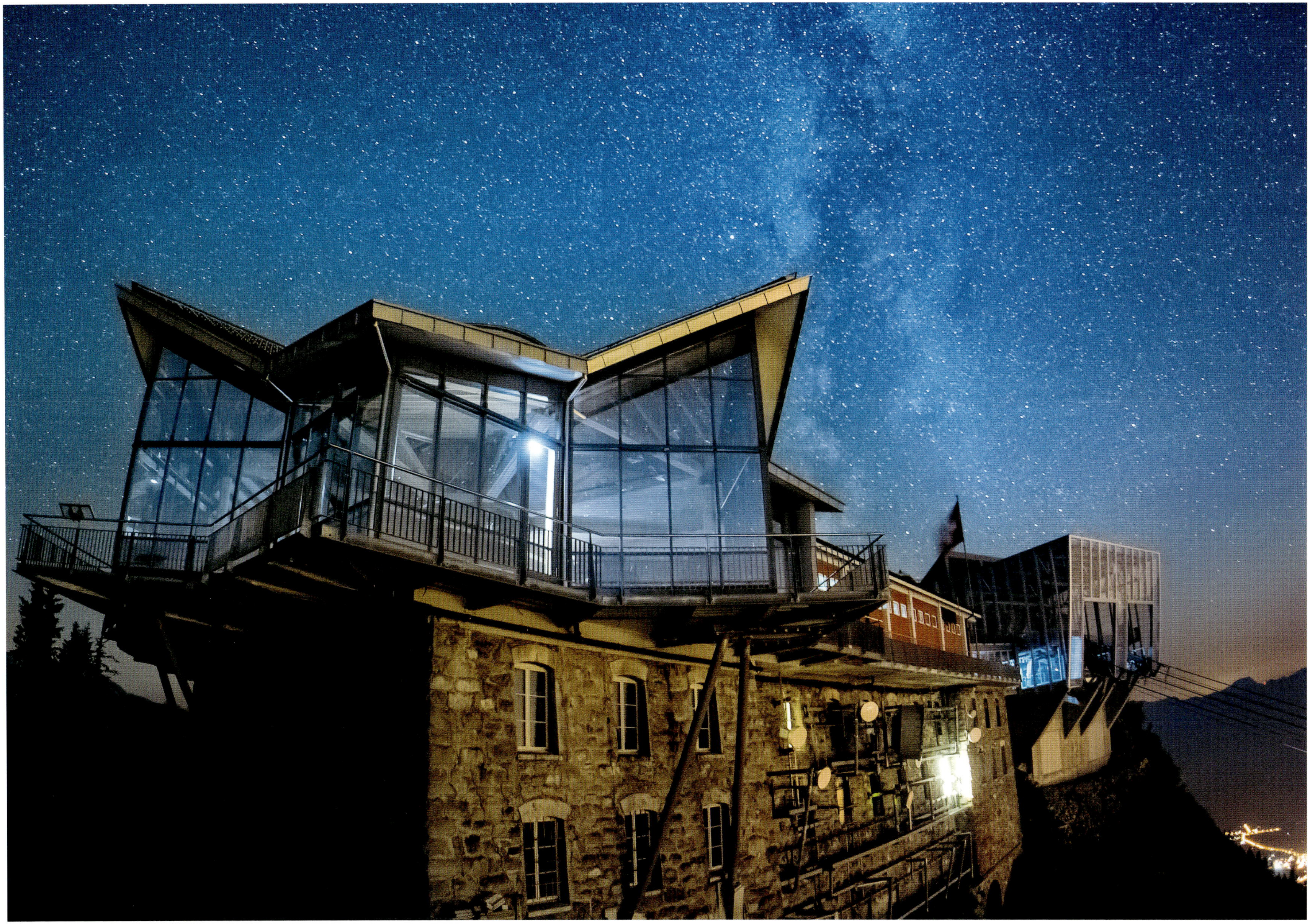

46°58'48.42"N / 8°15'13.58"E

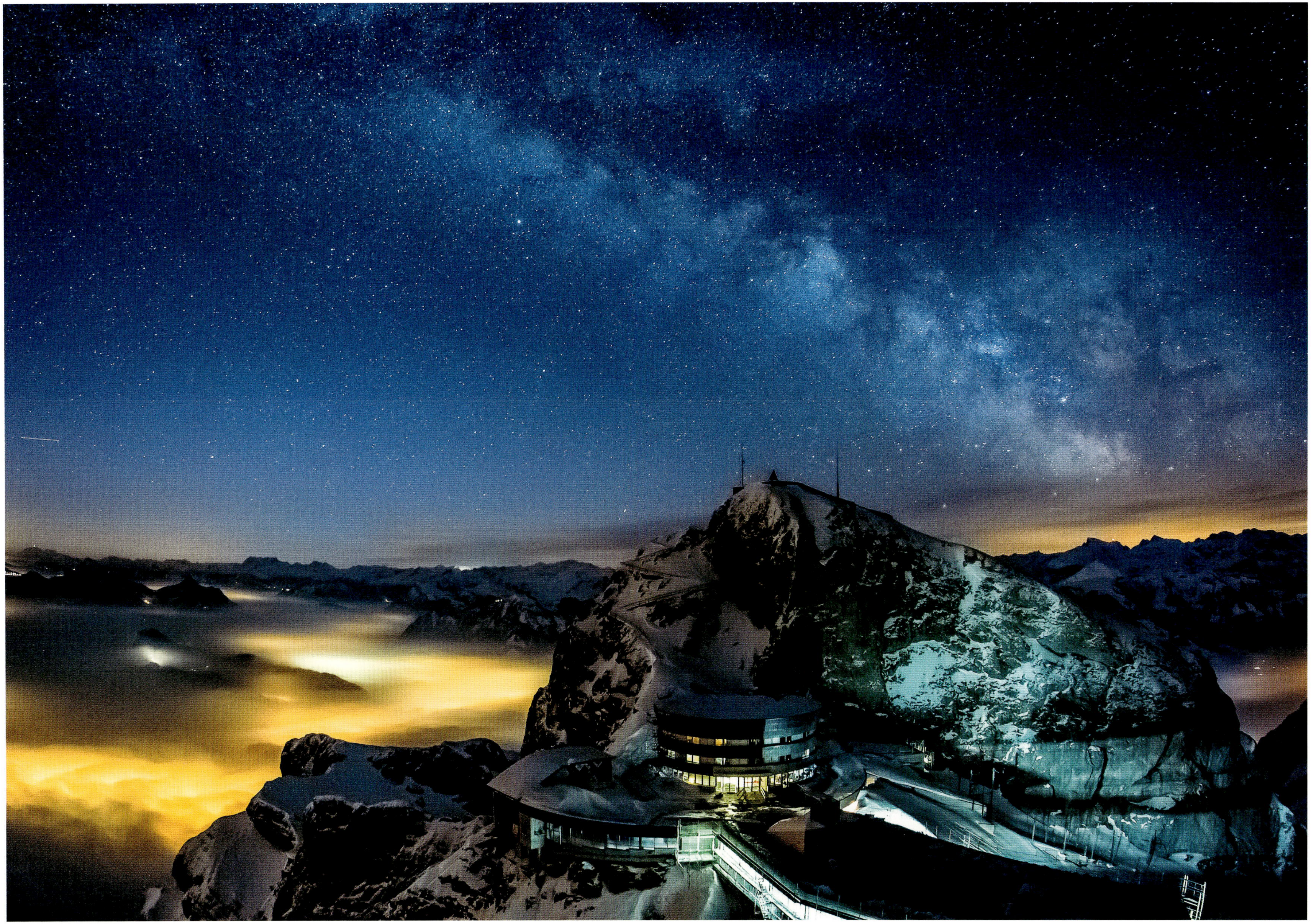

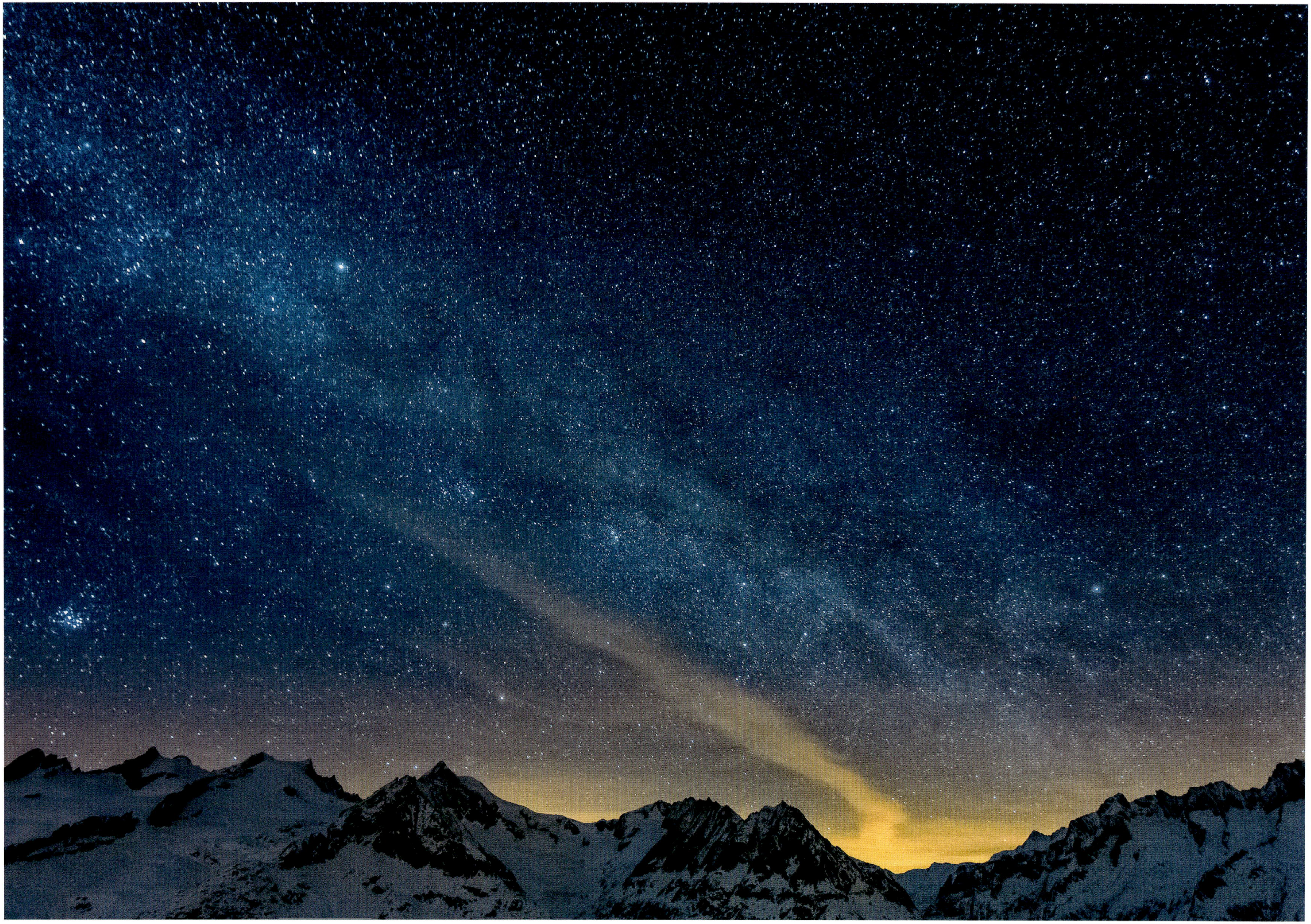

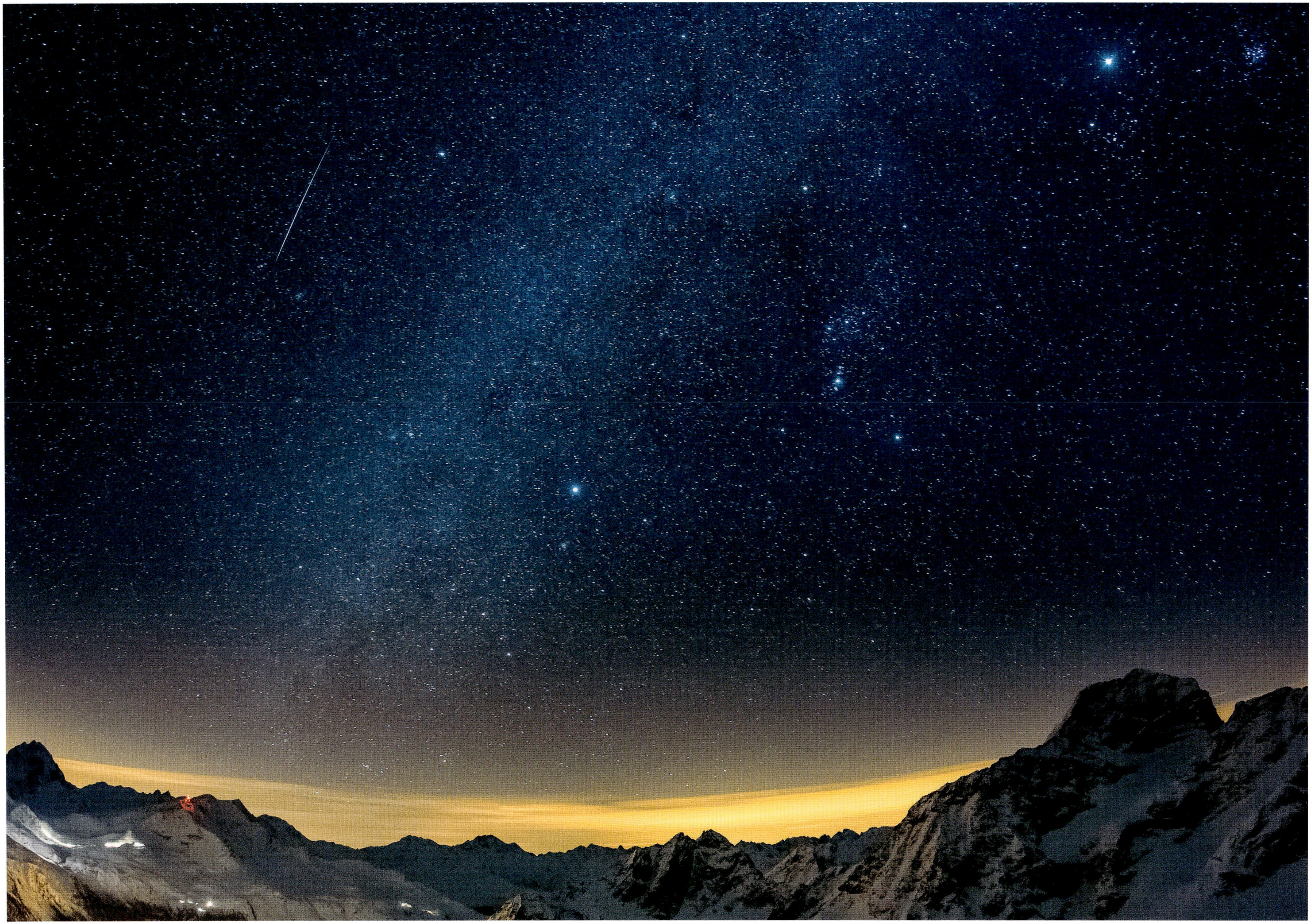

← ← 46°24'41.29"N / 8°4'32.12"E
← 46°30'19.52"N / 9°47'15.16"E
46°48'24.80"N / 9°44'15.02"E

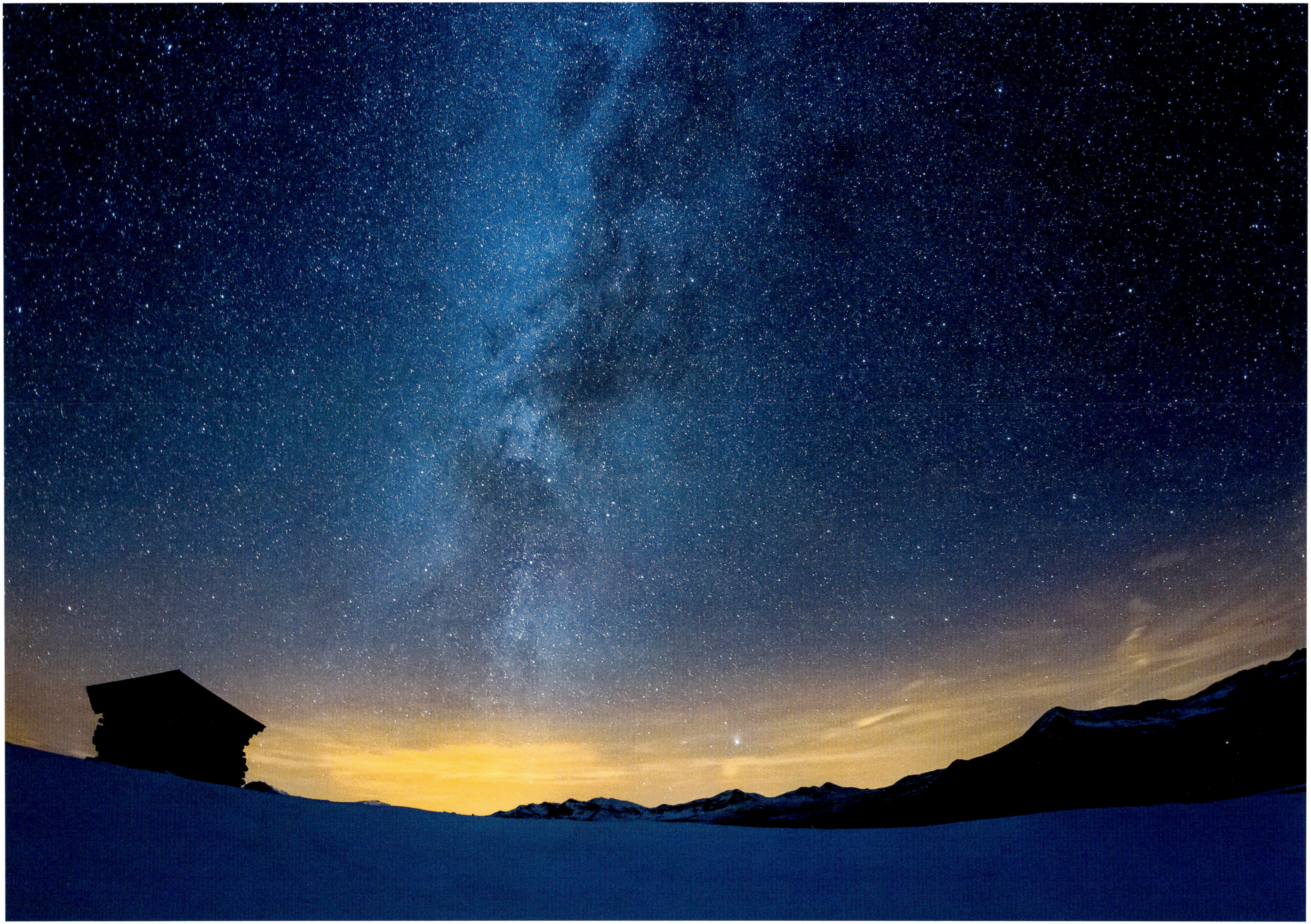

46°55'47.07"N / 8°20'24.72"E

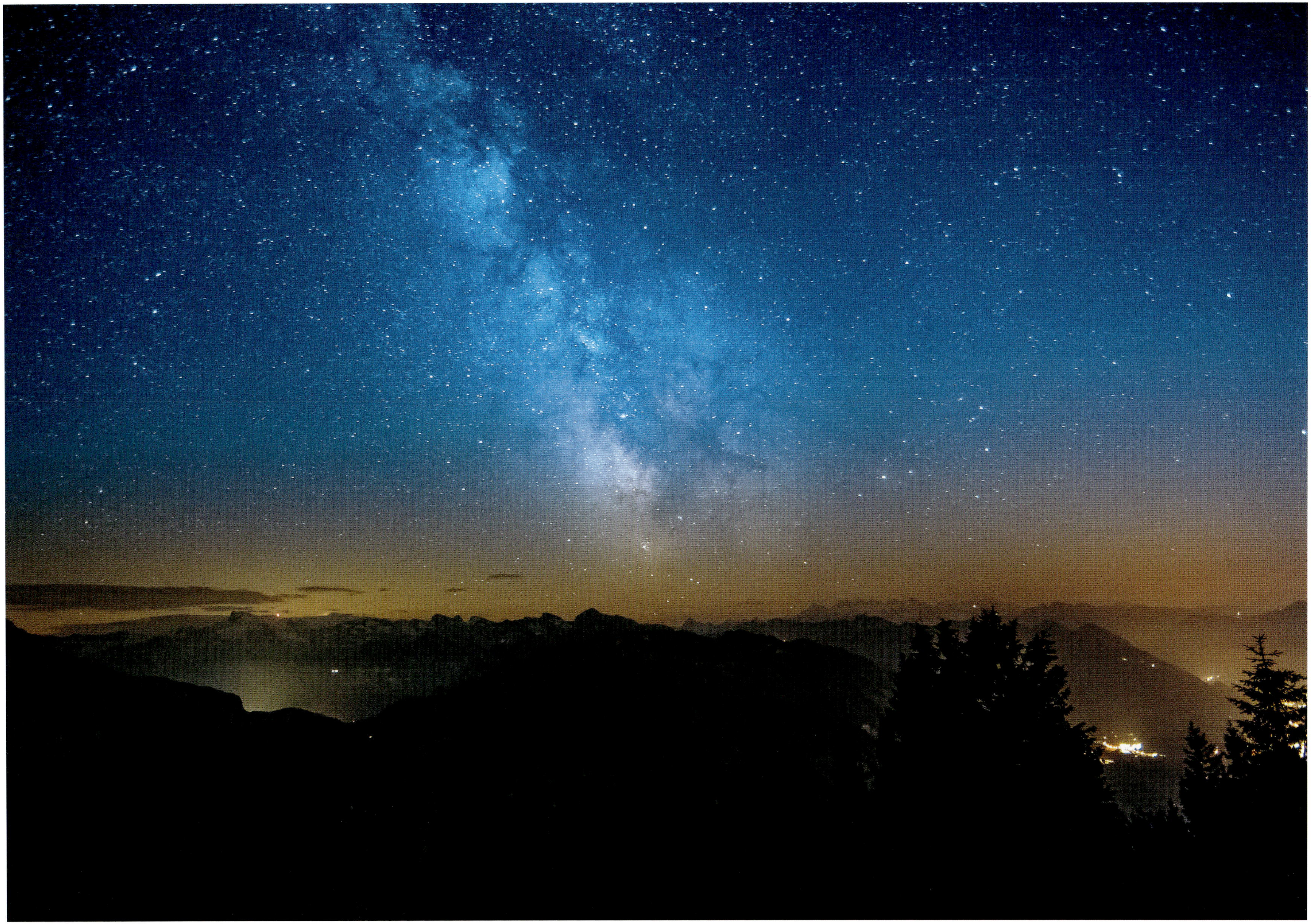

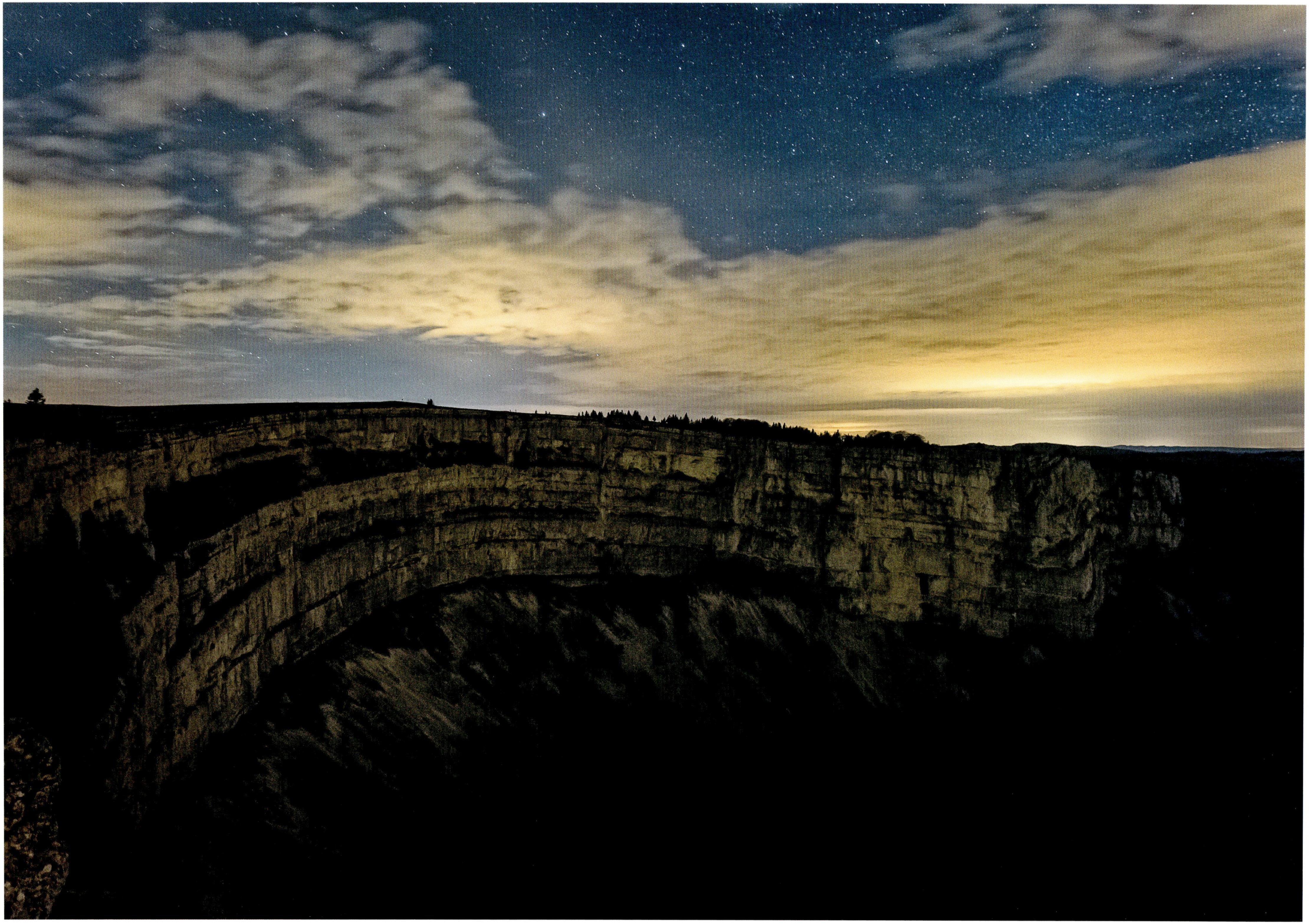

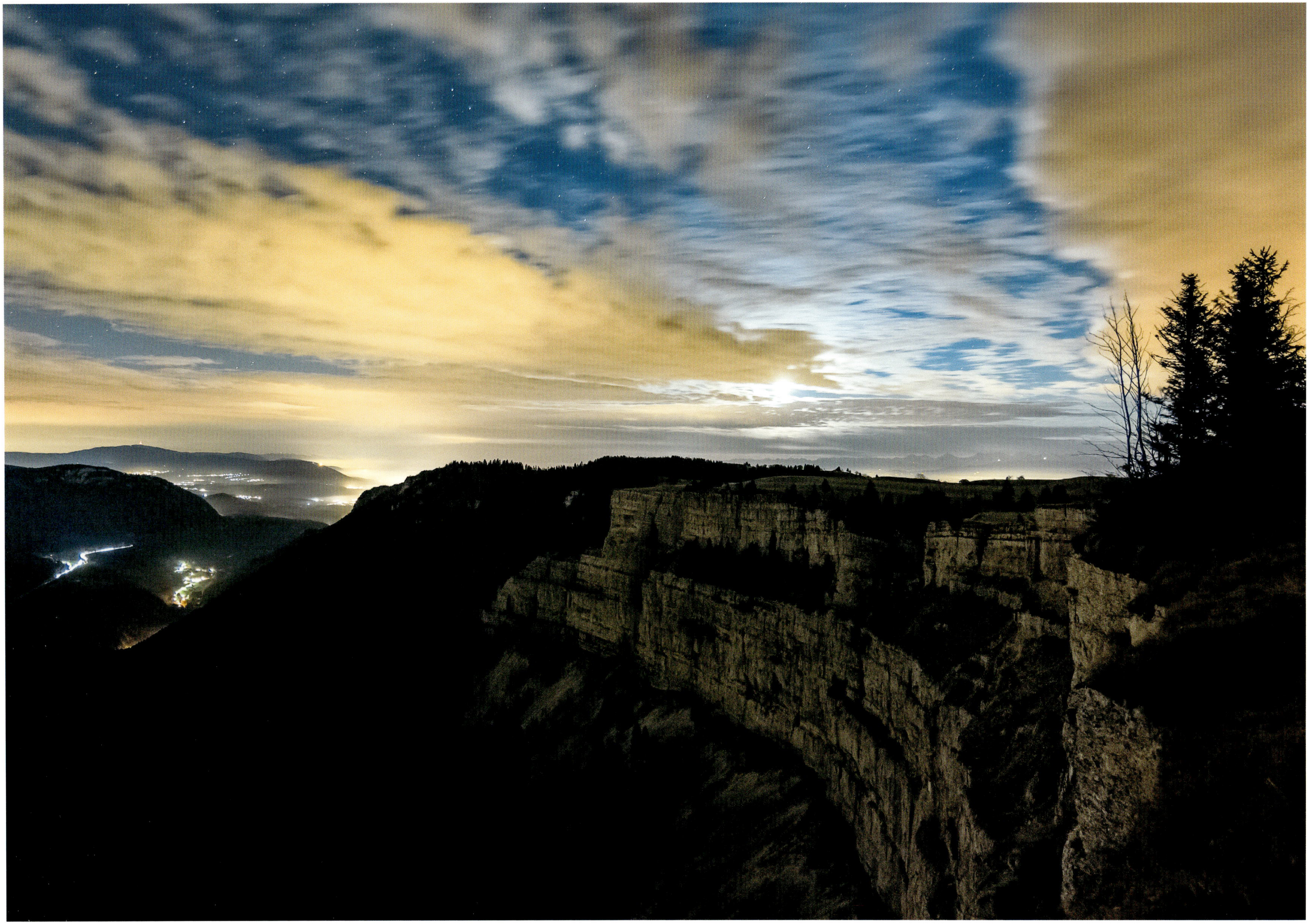

←← 46°55'55.61"N / 6°43'47.22"E

← 46°56'9.69"N / 6°43'13.45"E

47°40'43.09"N / 8°36'57.72"E

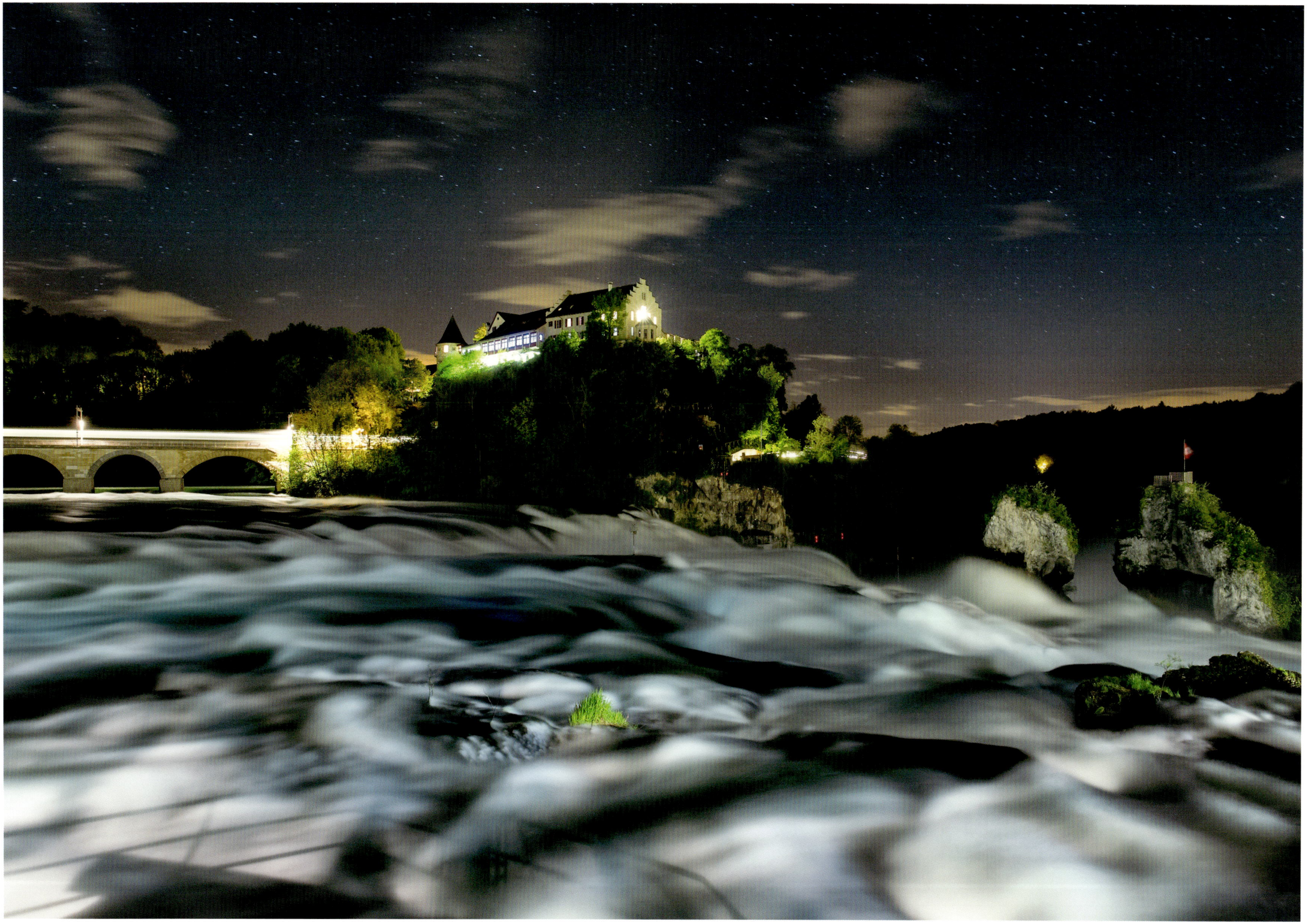

47°36'14.16"N / 8°10'33.08"E

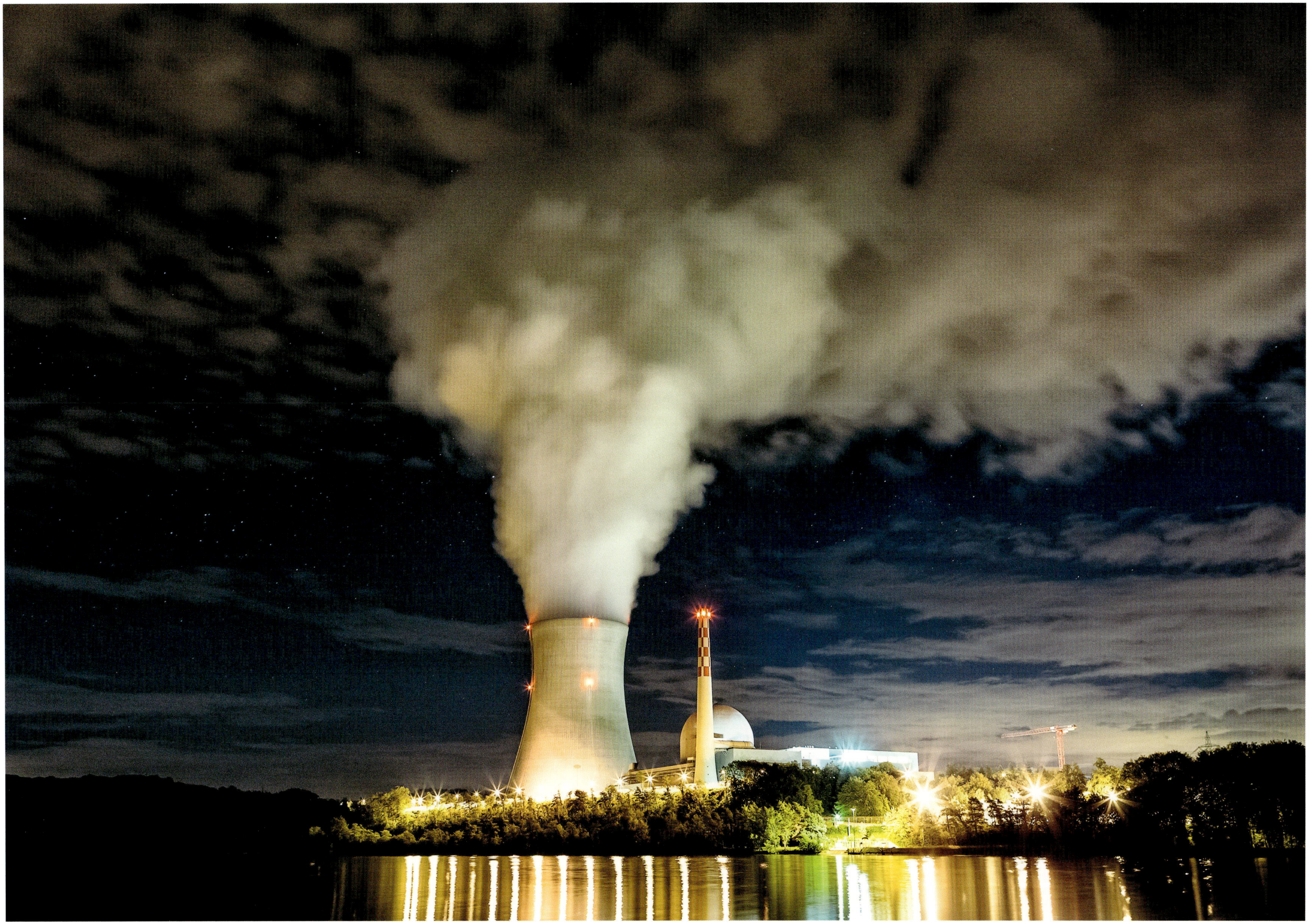

47°8'13.99"N / 9°8'32.91"E

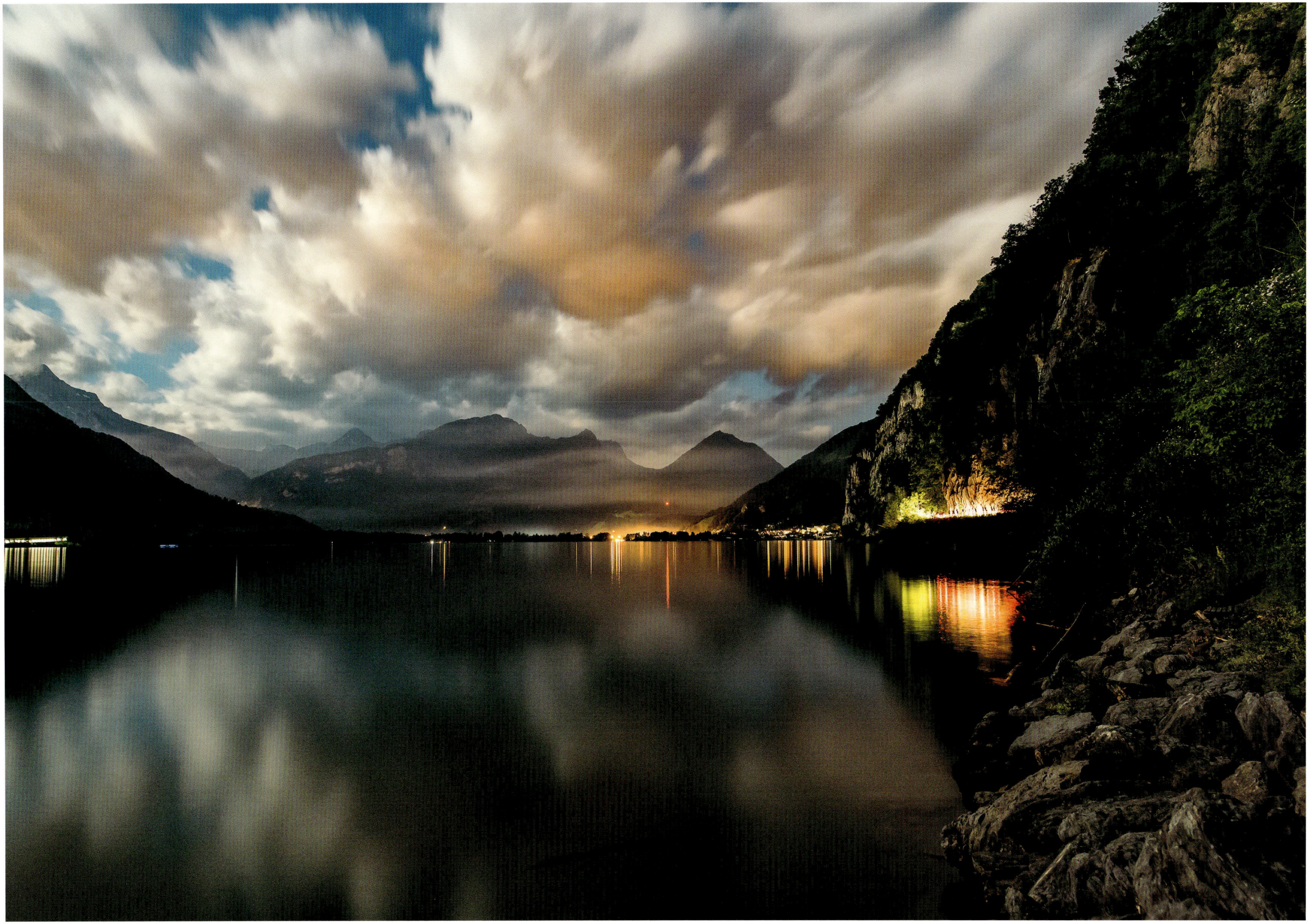

46°29'4.25"N / 9°49'12.43"E

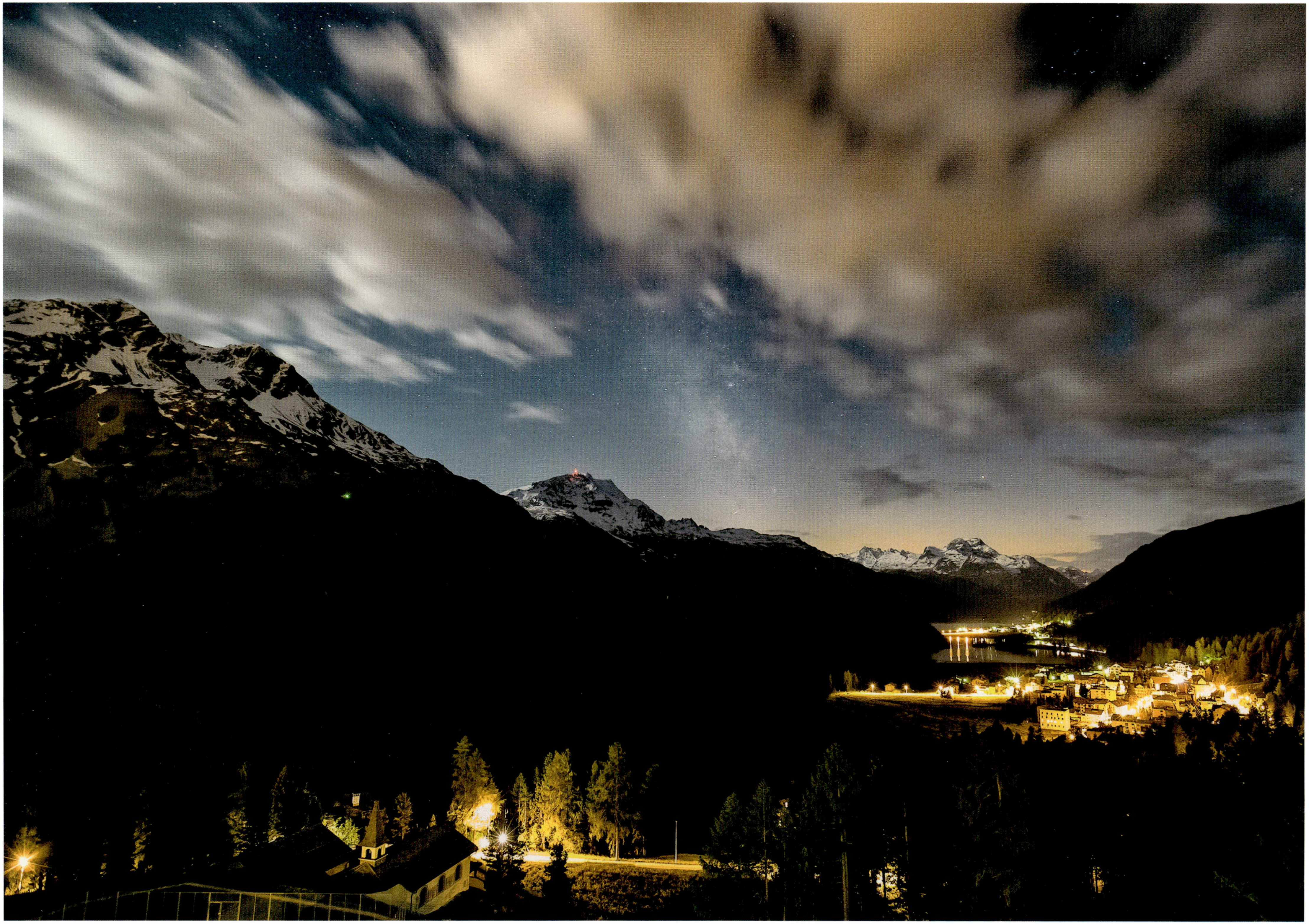

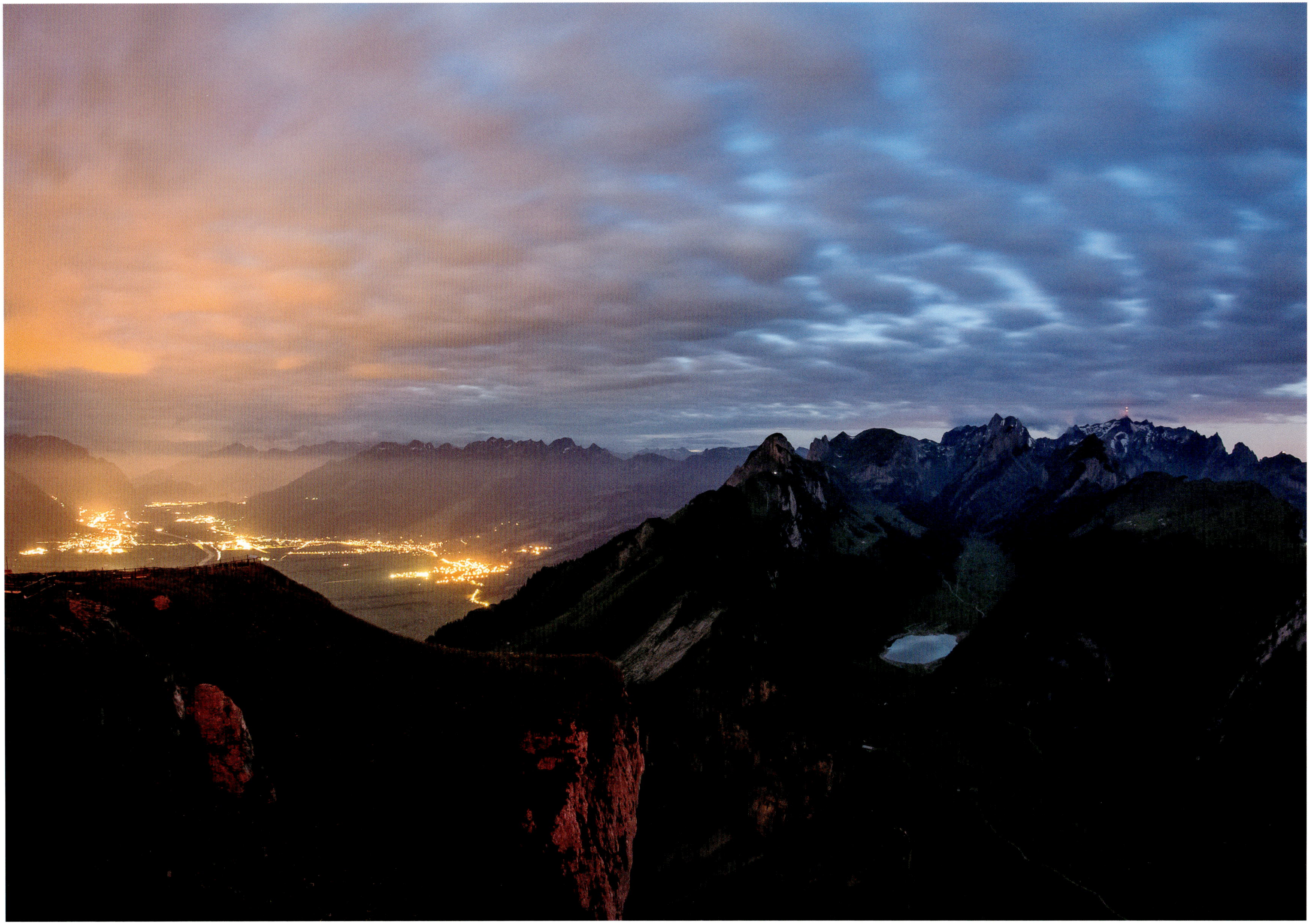

45°58'5.52"N / 8°59'29.94"E

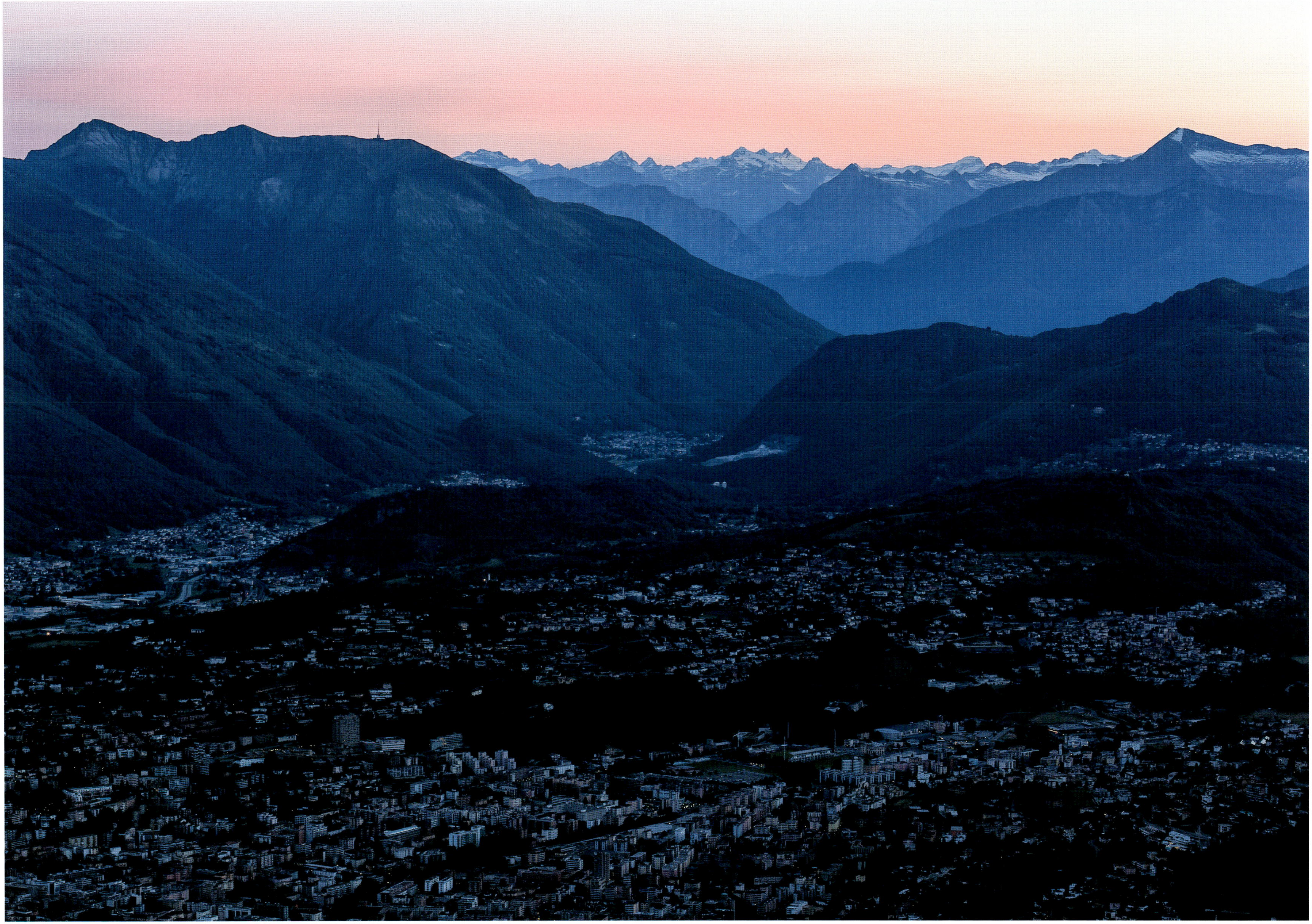

46°58'8.62"N / 8°38'13.14"E

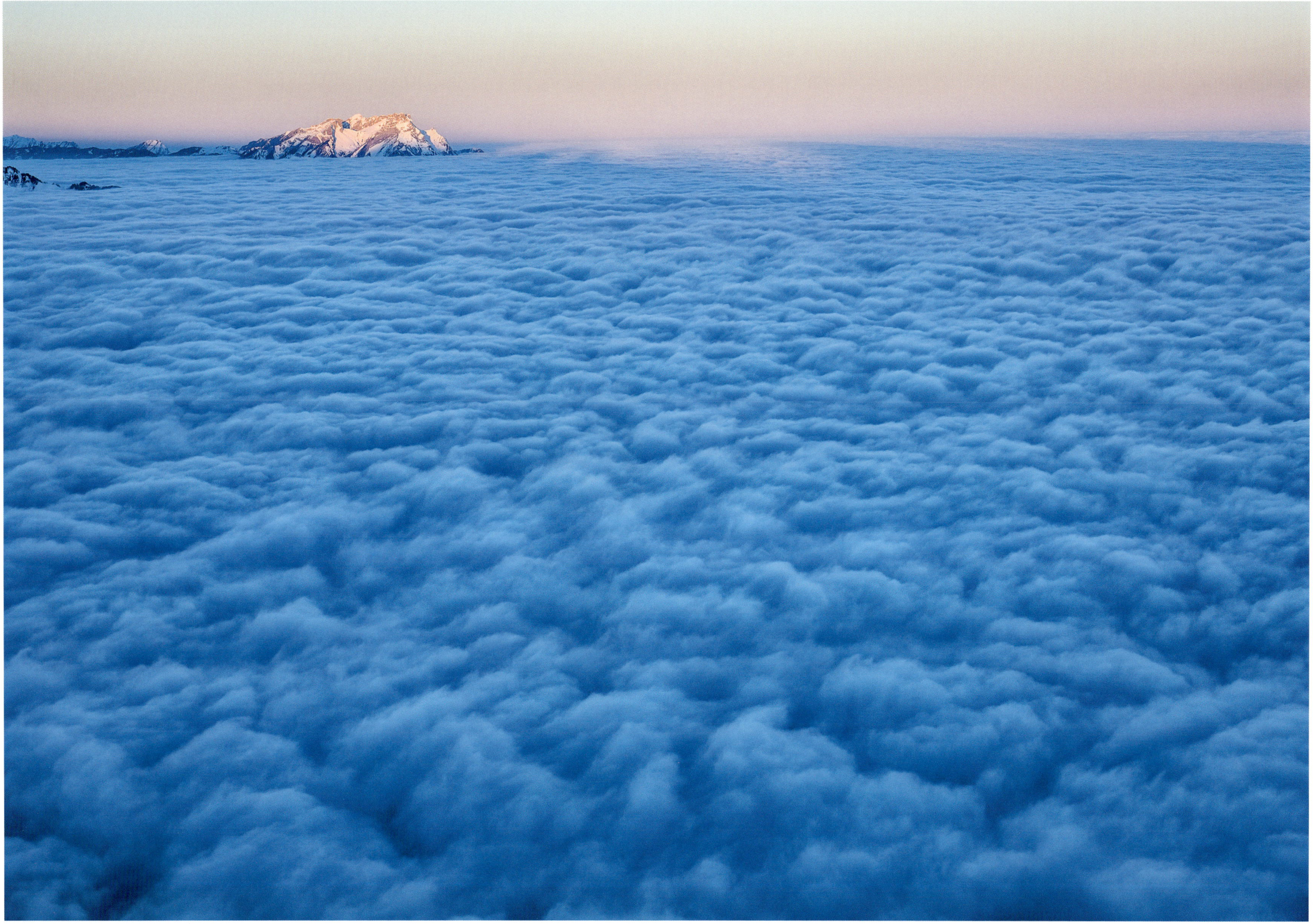

Bildlegenden

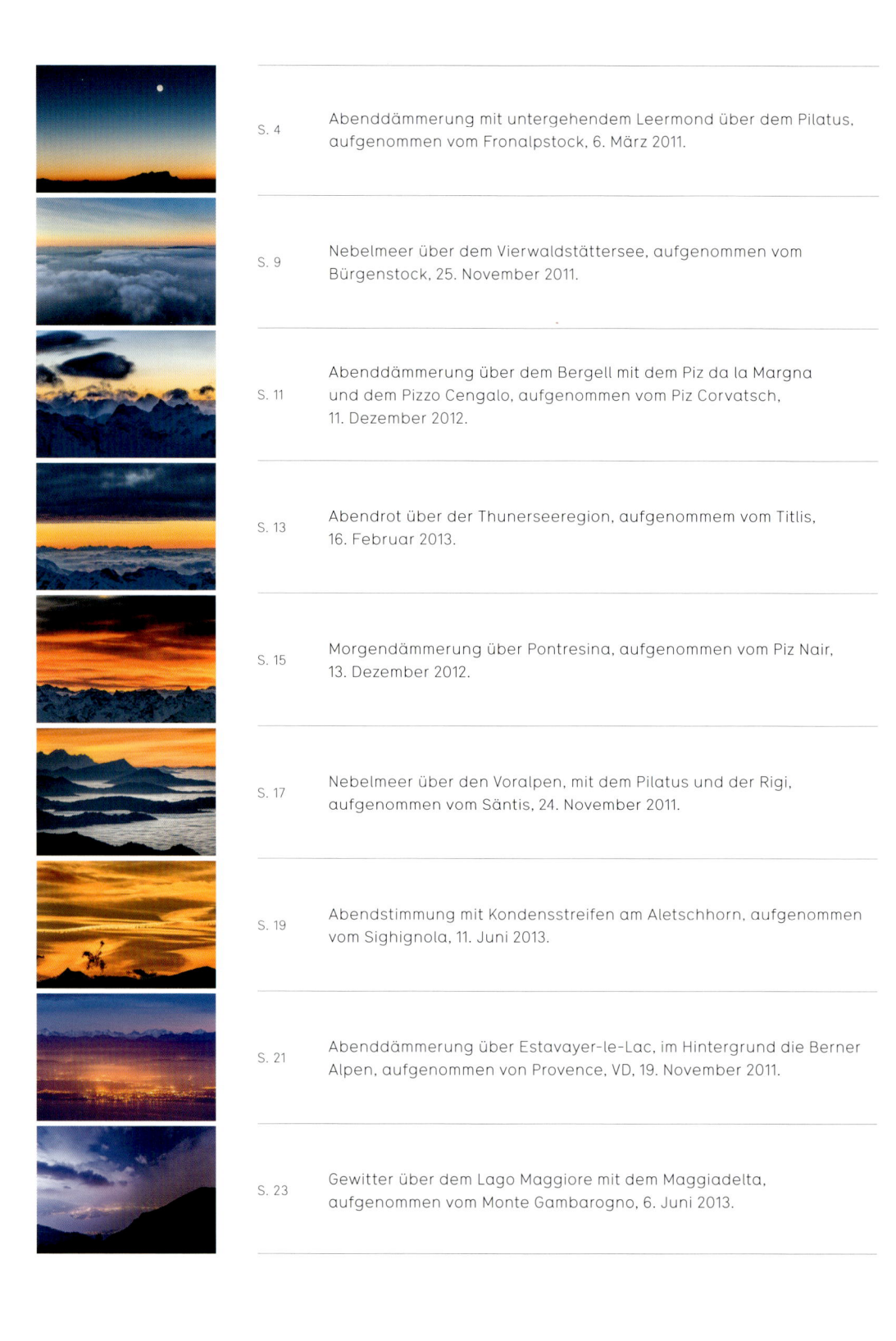

S. 4 — Abenddämmerung mit untergehendem Leermond über dem Pilatus, aufgenommen vom Fronalpstock, 6. März 2011.

S. 9 — Nebelmeer über dem Vierwaldstättersee, aufgenommen vom Bürgenstock, 25. November 2011.

S. 11 — Abenddämmerung über dem Bergell mit dem Piz da la Margna und dem Pizzo Cengalo, aufgenommen vom Piz Corvatsch, 11. Dezember 2012.

S. 13 — Abendrot über der Thunerseeregion, aufgenommem vom Titlis, 16. Februar 2013.

S. 15 — Morgendämmerung über Pontresina, aufgenommen vom Piz Nair, 13. Dezember 2012.

S. 17 — Nebelmeer über den Voralpen, mit dem Pilatus und der Rigi, aufgenommen vom Säntis, 24. November 2011.

S. 19 — Abendstimmung mit Kondensstreifen am Aletschhorn, aufgenommen vom Sighignola, 11. Juni 2013.

S. 21 — Abenddämmerung über Estavayer-le-Lac, im Hintergrund die Berner Alpen, aufgenommen von Provence, VD, 19. November 2011.

S. 23 — Gewitter über dem Lago Maggiore mit dem Maggiadelta, aufgenommen vom Monte Gambarogno, 6. Juni 2013.

S. 25	Abenddämmerung über dem Lago di Lugano mit Melide, Campione und Lugano, aufgenommen vom Sighignola, 11. Juni 2013.
S. 27	Zürich, 12. Dezember 2011.
S. 29	Abenddämmerung über Luzern und Oberrüti, aufgenommen vom Bürgenstock, 25. November 2011.
S. 31	Vom Blitz erleuchtete Wolken über Lugano, aufgenommen vom Monte Brè, 8. Juni 2013.
S. 32	Chur, aufgenommen vom Aroser Weisshorn, 3. Januar 2011.
S. 33	Chur, aufgenommen vom Aroser Weisshorn, 3. Januar 2011.
S. 35	Zürich, 12. Dezember 2011.
S. 37	Bern, 10. Juli 2013.
S. 39	Basel, 2. Juli 2013.
S. 41	Basel, 2. Juli 2013.
S. 43	Lago di Lugano mit Castagnola, Campione und dem Seedamm von Melide, aufgenommen von Serpiano, 5. Juni 2013.
S. 45	Brissago und die Brissago-Inseln, aufgenommen vom Monti di Motti, 10. Juni 2013.
S. 47	Lago Maggiore mit Locarno und San Nazzaro, aufgenommen vom Monti di Motti, 10. Juni 2013.
S. 49	Mondlicht über dem Sarnersee mit Sachseln, aufgenommen vom Stanserhorn, 25. Juli 2012.
S. 51	Seebecken von Luzern mit Horw, Luzern und Stansstad, aufgenommen vom Stanserhorn, 25. Juli 2012.
S. 52	Lago di Lugano mit Riva San Vitale und Mendrisio, aufgenommen vom Sighignola, 11. Juni 2013.
S. 53	Seedamm von Melide, aufgenommen vom Sighignola, 11. Juni 2013.
S. 55	Der Chasseron und Yverdon-les-Bains mit Blick auf den Landessender Sottens, aufgenommen vom Rochers de Naye, 29. Oktober 2011.

S. 57	Lago di Lugano mit Agra, Caslano und Pura, aufgenommen vom Sighignola, 11. Juni 2013.
S. 59	Pilatus mit Kühlturmwolke vom Kernkraftwerk Gösgen, aufgenommen vom Titlis, 16. Februar 2013.
S. 61	Pistenfahrzeuge am Männlichen, vorne, im Hintergrund das Schilthorn, aufgenommen vom Titlis, Mehrfachbelichtung, 16. Februar 2013.
S. 63	Nebelmeer über Engelberg, aufgenommen vom Titlis, 16. Februar 2013.
S. 65	Bergstation Piz Nair, 12. Dezember 2012.
S. 67	Pistenfahrzeuge am Corvatsch, im Hintergrund das Berninamassiv, digonal zu den Sternbahnen eine helle Sternschnuppe (Feuerball), aufgenommen vom Piz Nair mit einer Belichtungszeit von 7159 Sekunden, 12. Dezember 2012.
S. 69	Sternbahnen über Erzhorn und Rothorn mit Sternbild Orion, aufgenommen vom Aroser Weisshorn mit einer Belichtungszeit von 4784 Sekunden, 4. Januar 2011.
S. 70	Sternbahnen mit Himmelsäquator über Monte Rosa, Lyskamm, Castor, Pollux und Zermatter Breithorn, aufgenommen vom Gornergrat mit einer Belichtungszeit von 10 857 Sekunden, 1. Februar 2011.
S. 71	Sternbahnen um den Nordstern über dem Aletschgletscher, aufgenommen vom Bettmerhorn mit einer Belichtungszeit von 9705 Sekunden, 2. Februar 2011.
S. 73	Sternbahnen mit Sternbild Orion am Himmelsäquator über dem Matterhorn, aufgenommen vom Gornergrat mit einer Belichtungszeit von 14 316 Sekunden, 2. Februar 2011.
S. 75	Sternbahnen mit Himmelsäquator und Feuerball über der Medergerfluh, Tijerfluh und den Furkahörnern, aufgenommen von Arosa mit einer Belichtungszeit von 11 626 Sekunden, 1. Januar 2011 .
S. 77	Sternbild Orion über Eiger, Mönch und Jungfrau, aufgenommen vom Männlichen, 31. Januar 2011.
S. 79	Abenddämmerung über dem Gornergletscher mit dem Monte Rosa und Lyskamm, aufgenommen vom Gornergrat, 1. Februar 2011.
S. 81	Nacht mit Viertelmond über dem Sustenhorn, im Hintergrund die Lichter der Provinz Mailand, aufgenommen vom Titlis, 16. Februar 2013.
S. 83	Mondnacht über dem Rotstöckli mit Blick auf die Rigi, aufgenommen vom Titlis, 16. Februar 2013.
S. 85	Untergehende Milchstrasse über Melchsee-Frutt, aufgenommen vom Titlis, 16. Februar 2013.
S. 87	Pistenfahrzeuge und Schneekanonen am Corvatsch, aufgenommen vom Piz Nair, 12. Dezember 2012.
S. 89	Rigi über dem Nebelmeer, aufgenommen vom Titlis, 16. Februar 2013.

S. 91	Untergehendes Sternbild Orion über dem Oberengadin mit St. Moritz, Celerina und Samedan, aufgenommen vom Muottas Muragl, 9. Februar 2013.
S. 93	Untergehendes Sternbild Orion über dem Piz Nair, aufgenommen vom Muottas Muragl, 9. Februar 2013.
S. 95	Regenwolken über Ascona, aufgenommen von Ronco sopra Ascona, 9. Juni 2013.
S. 97	Abenddämmerung am Genfersee mit Montreux, Vevey und Lausanne, aufgenommen von Rochers de Naye, 29. Oktober 2011.
S. 99	Nebelmeer über dem Lütschinental mit den Lichtern von Zweilütschinen, Interlaken, Thun und Bern, aufgenommen vom Männlichen, 31. Januar 2011.
S. 100	Nebelmeer über dem Urnersee mit den Lichtern von Sisikon, Bauen und Flüelen, aufgenommen vom Fronalpstock, 5. März 2011.
S. 101	Nebelmeer über dem Vierwaldstättersee mit den Lichtern von Morschach, Brunnen und Seelisberg, aufgenommen vom Fronalpstock, 6. März 2011.
S. 103	Nebelmeer über dem Mittelland, im Hintergrund das Zürcher Oberland mit Bachtel, aufgenommen vom Säntis, 24. November 2011.
S. 105	Hochnebel über dem Mittelland, aufgenommen vom Pilatus, 5. März 2011.
S. 107	Die Mythen über dem Nebelmeer, aufgenommen vom Fronalpstock, 7. März 2011.
S. 109	Luzern, aufgenommen vom Pilatus, 5. März 2011.
S. 111	Lugano, aufgenommen vom Monte Brè, 8. Juni 2013.
S. 113	Abenddämmerung am Genfersee mit Montreux, Vevey und Lausanne, aufgenommen vom Rochers de Naye, 29. Oktober 2011.
S. 115	Rheintal mit Blick auf den Bodensee, zwischen St. Margrethen und Bregenz, aufgenommen vom Hohen Kasten, 25. Juni 2011.
S. 116	Chur und Trimmis mit der Industrie Untervaz, aufgenommen von Valzeina, 3. Juli 2011.
S. 117	Abenddämmerung über Landquart und Sargans mit den Churfirsten und dem Gamsberg, aufgenommen von Valzeina, 3. Juli 2011.
S. 119	Der Pilatus, Luzern und Stansstad, aufgenommen vom Stanserhorn, 25. Juli 2012.
S. 121	Flughafen Zürich, aufgenommen von Regensberg, Mehrfachbelichtung, 3. Februar 2013.

S. 122	Aufgehender Mond über Arosa, 28. Dezember 2012.
S. 123	Autobahnviadukt mit Blick auf Mesocco, aufgenommen von Pian San Giacomo mit einer Belichtungszeit von 1370 Sekunden, 8. Juni 2013.
S. 125	Landende Flugzeuge, Flughafen Zürich, Mehrfachbelichtung, 23. Mai 2011.
S. 127	Startende Flugzeuge, Flughafen Zürich, mit einer Belichtungszeit von 335 Sekunden, 22. Mai 2011.
S. 129	Gewitter über Zürich mit Blitzschlag in den Fernsehturm Üetliberg, aufgenommen von der Waid, 12. August 2010.
S. 131	Gewitter über Zürich, aufgenommen von der Waid, Mehrfachbelichtung, 24. August 2012.
S. 133	Gewitter über Dübendorf, aufgenommen vom Tobelhof, Zürich, Mehrfachbelichtung, 27. Juli 2012.
S. 134	Silvesternacht in Arosa, aufgenommen vom Tschuggen, 1. Januar 2012.
S. 137	Feuerwerk in Thun, aufgenommen von Leueberg, BE, 1. August 2013.
S. 139	Höhenfeuer und Feuerwerk mit Stockhorn, Nünenfluh, Gantrisch, Bürglen und Ochsen, aufgenommen von Leueberg, BE, 1. August 2013.
S. 141	Mond und Sternschnuppe auf dem Tschuggen in Arosa, 12. August 2012.
S. 143	Mondnacht auf dem Titlis, 16. Februar 2013.
S. 145	Vom Sendeturm beleuchtete Wolken auf dem Piz Corvatsch, 11. Dezember 2012.
S. 146	Vom Sendeturm beleuchtete Wolken auf dem Piz Corvatsch, im Hintergrund das Berninamassiv mit dem Piz Roseg, 11. Dezember 2012.
S. 147	Vom Sendeturm beleuchtete Wolken auf dem Piz Corvatsch, im Hintergrund das Berninamassiv mit dem Piz Roseg, 11. Dezember 2012.
S. 149	Die Sternbilder Grosser Hund und Orion über dem Piz Corvatsch, 12. Dezember 2012.
S. 151	Die Milchstrasse über dem Säntis, 24. November 2011.
S. 153	Die Milchstrasse über dem Pilatus, 5. März 2011.

S. 155	Die Milchstrasse über dem Stanserhorn, 26. Juli 2012.
S. 157	Aufgehende Milchstrasse über dem Felsen Esel auf dem Pilatus, 5. März 2011.
S. 158	Milchstrasse über dem Aletschhorn, aufgenommen vom Bettmerhorn, 3. Februar 2011.
S. 159	Sternbilder Grosser Hund und Orion mit Sternschnuppe über dem Oberengadin mit Piz Corvatsch und Piz Julier, aufgenommen vom Piz Nair, 13. Dezember 2012.
S. 161	Milchstrasse über dem Schanfigg mit dem Mattjisch-Horn, aufgenommen von Medergen, 6. November 2010.
S. 163	Milchstrasse über dem Titlis und den Berner Alpen, aufgenommen vom Stanserhorn, 25. Juli 2012.
S. 164	Creux du Van, 20. November 2011.
S. 165	Creux du Van, 20. November 2011.
S. 167	Rheinfall und Schloss Laufen, 11. Mai 2013.
S. 169	Kernkraftwerk Leibstadt, 28. Mai 2011.
S. 171	Mondnacht über dem Walensee mit Blick Richtung Weesen, aufgenommen von Betlis, 22. Juni 2013.
S. 173	Milchstrasse zwischen dem Piz Corvatsch und dem Piz da la Margna und die Lichter von Champfer, aufgenommen von Suvretta, St. Moritz, 29. Juni 2013.
S. 175	Morgendämmerung über dem Rheintal und dem Alpstein mit dem Sämtisersee, aufgenommen vom Hohen Kasten, 26. Juni 2011.
S. 177	Morgendämmerung über Lugano, aufgenommen vom Sighignola, 12. Juni 2013.
S. 179	Nebelmeer über dem Vierwaldstättersee mit dem Pilatus, aufgenommen vom Fronalpstock, 7. März 2011.
S. 191	Aufgehender Mond hinter dem Säntis, aufgenommen von Schönau, 22. Juni 2013.

Das Abenteuer Nacht

The Making of «Helvetia by Night»

Sie hat mich schon immer fasziniert, die Nacht. Ich finde es beeindruckend, dass es überhaupt möglich ist, bei scheinbar absoluter Dunkelheit zu fotografieren. Schon während meiner Jugend in Arosa und später an der Kantonsschule in Chur habe ich immer wieder eine Kamera auf einen Berg hoch getragen und mich daneben in den Schlafsack gelegt. Mehrstündige Belichtungen auf Film waren damals der einzige Weg, die Bewegung der Erde einzufangen. Fotos aus der Nacht waren auch ein beliebtes Motiv bei meinen späteren Arbeitgebern in Zürich, dem Tages-Anzeiger und der Fotoagentur Keystone. Parallel dazu eröffneten mir die enormen technischen Fortschritte in der digitalen Fotografie laufend neue Möglichkeiten für die nächtliche Bildaufzeichnung – hier hat eine Revolution stattgefunden.

Alles andere war Zufall sowie Experimentierfreude und begann in einer mondlosen Nacht am kalten, klaren Prätschsee in Arosa. Wie sieht es aus, wenn man ein paar Dutzend kurze Belichtungen der Sterne wie ein Daumenkino aneinanderreiht und abspielt? Tatsächlich, die Erde dreht sich! Und mit ihr scheinbar Tausende Sterne am Nachthimmel. Dieses Spiel mit der Zeit hat mich sofort in seinen Bann gezogen, «Helvetia by Night» war geboren. In einer guten Nacht entstehen heute rund 5000 Fotos, was einem Datenvolumen von etwa 100 GB entspricht. Jede Einstellung besteht aus 200 bis 800 Aufnahmen, im Zeitraffer betrachtet ergibt das nur gerade 8 bis 32 Sekunden Film. Jede Nacht auf dem Berg zieht wiederum zwei Tage Arbeit zu Hause am Computer nach sich. Ausschnitt, Farben und Kontraste werden in der Verarbeitung, wo nötig, angepasst und korrigiert. Bis auf die Retusche von vereinzelten Staubflecken auf dem Kamerasensor bleibt der Bildinhalt jedoch unverändert. Einige im Anhang gekennzeichnete Fotos sind Mehrfachbelichtungen. Die Panoramen auf dem Umschlag sind aus mehreren Einzelfotos zusammengesetzt. Wie die Fotoserien als Film wirken, kann man auf helvetiabynight.ch anschauen.

Die Fotos in diesem Buch sind also kurze Einblicke in ein sich stetig wandelndes Bild. Sie sind Momente des untergehenden Leermondes, des brodelnden Nebelmeeres, der funkelnden Milchstrasse. Sie sind auch der Augenblick der Sternschnuppe und des Blitzeinschlags. Ich fotografiere mit lichtstarken Brennweiten von 8 bis 800 mm, ISO-Einstellungen von 160 bis 6400 und Belichtungszeiten zwischen weniger als einer Sekunde und mehreren Stunden. Häufig habe ich bei der Arbeit bis zu fünf Kameras gleichzeitig im Einsatz. Voraussetzung für Aufnahmen von Sternen und der Milchstrasse sind klare, dunkle Nächte ohne Mond. Eine Herausforderung besteht darin, die Objektive fast ohne Licht scharf einzustellen. Schon ab 30 Sekunden Belichtungszeit wird die Kamera zum Nachtsichtgerät, sieht mehr als unsere Augen. An den Blick in einen praktisch schwarzen Sucher muss man sich als Fotograf erst gewöhnen. Bei Temperaturen von bis zu −25°C kommt es vor, dass Akkus streiken, die gesamte Ausrüstung vereist, oder, wie auf dem Titlis geschehen, auch einmal Eisblumen auf dem Objektiv wachsen. Anfangs wagte ich mich nur bei stabilen Wetterlagen hinaus. Irgendwann stand ich trotzdem im Nebel. Es war garstig auf dem Gotthard und gleichwohl fotogen. Seither mag ich unberechenbare Nächte am liebsten. In Erwartung des Unerwarteten steigt die Spannung, sobald die Dämmerung hereinbricht. Die Schatten der

Berge werden lang und länger. Die Sonne verschwindet am Horizont, und der Himmel taucht ein in einen Farbenrausch, explodiert wie ein Feuerwerk. Ferdinand Hodler auf LSD. Wow! Oder auch nicht. Manchmal bleibt das Spektakel aus. Es wird dunkel, immer, soviel ist sicher.

    Sie ist lieblich, stürmisch, einfach nur schön, zuweilen zickig oder gar etwas verdorben, die Helvetia, die Schweiz bei Nacht. Sie hat viele Gesichter, grobe und sanfte, sie lebt. Diesem reizvollen, ungeschminkten Charakter möchte ich auf der Spur sein. Wo man auch hinschaut, bewegt sich ein Licht, sei es von einem Auto, einem Schiff, einem Flugzeug, einem Pistenfahrzeug oder der Stirnlampe des Alpinisten auf dem Weg zum Gipfel. Manchmal sieht es aus, als gäbe es keine Grenze zwischen Himmel und Erde, als wären ein paar Sterne auf die Berge heruntergefallen, wo sie weiter scheinen in einer SAC-Hütte oder als Strassenbeleuchtung.

    «Helvetia by Night» ist die Kombination meiner Leidenschaften, ein persönliches Projekt, das Resultat meiner Begeisterung für die Fotografie, die Natur und die Technik. Ich fotografiere die Nacht, weil sie mir gefällt. Das Beste daran ist, dass sie mir dabei einen wahrhaft magischen Ausgleich zum hektischen Berufsalltag schenkt. Es ist der reinste Luxus, und ich empfinde es als Privileg, die schönsten Ecken der Schweiz oftmals alleine zu erleben. Für den Transport der Ausrüstung bin ich im Winter auf Bergbahnen angewiesen. Von Vorteil sind dann ein geheizter Schlafplatz und eine Stromquelle für die Batterien. Um etwa 3 Uhr richte ich alle Kameras noch einmal neu aus, dann lege ich mich für zwei bis drei Stunden aufs Ohr.

Jede Fotografie hat ihre Geschichte. Die Begrüssung im Hotel Kulm auf dem Pilatus ist sehr herzlich, das Abendessen köstlich und warm. Draussen liegt ein halber Meter Schnee, es ist Anfang März, und ich freue mich auf eine klare, frische Nacht und die hervorragende Aussicht vom Luzerner Hausberg. Es ist ein Missverständnis, dass sich die Eingangstür irgendwann, nachdem die letzten Gäste im Bett sind, nicht mehr öffnen lässt. Nicht ganz freiwillig verbringe ich die Nacht bei −10°C im Freien. Noch nie habe ich meine warme Daunenjacke mehr geschätzt. Ein Panoramabild aus jener Nacht ziert nun den Umschlag.

    Der Mondaufgang am Säntis am Ende des Buches hat vier Anläufe gebraucht. Das Bild lässt sich nur an zwei Tagen im Monat aufnehmen, der Standpunkt und die Uhrzeit dafür ändern sich jedes Mal, sind aber relativ einfach zu berechnen. Im Gegensatz zum tückischen Wetter am Alpstein. Der Abend scheint ideal, als ich mit 20 Kilogramm Ausrüstung auf dem Rücken und Schneeschuhen an den Füssen einen Hügel in Rietbad hinaufschnaufe. Oben habe ich graues Haar vom gefrorenen Schweiss. Ich bin auf Position, stelle die Kamera auf, doch kurz bevor der Mond erscheinen müsste, hüllt sich der tief verschneite Berg in Wolken. Der Mond bleibt unsichtbar. Wenigstens bleiben mir keine grauen Haare. Ein paar erfolglose Anläufe später – es ist ein strahlender Juniabend – scheint sich das Spiel zu wiederholen. Das einzige Wölkchen weit und breit hockt schadenfreudig auf dem Säntisgipfel. In wenigen Sekunden wird der Mond aufgehen und plötzlich, o Wunder, die kleine Wolke löst sich auf und gibt den Blick frei auf einen Supermond, einen mit der kleinsten Distanz zur Erde auf seiner elliptischen Umlaufbahn. Das Bild entsteht mit einer Brennweite von 800 mm.

Die beste Aussicht auf das Maggia-Delta hat man vom Monte Gambarogno. Drei Freunde helfen mir beim Hinauftragen der Ausrüstung. Neben friedlich weidenden Ziegen sind wir zu später Stunde die einzigen Menschen auf dem Berg. Das Gewitter kommt überraschend. Schon zucken Blitze über Ascona. Die beiden Hütten unterhalb des Gipfels sind verriegelt und bieten keinen Unterschlupf. Hastig erstellen wir aus Abfallholz ein Dach und finden notdürftig Schutz. Die Kameras trotzen dem Regen (Seite 23).

Während die meisten Fotografien unter abenteuerlichen Umständen entstanden sind, gibt es auch ein paar Ausnahmen. Im Kontrast zu den wenig komfortablen Nächten im Zelt sind die Fotos auf den Seiten 9 und 173 aus einem Hotelzimmer aufgenommen. Einmal fünf Sterne hinter der Kamera zu haben ist wohl die angenehmste Kombination von Himmelsfotografie, Aussicht und einem Dach über dem Kopf.

In urbanem Umfeld bleibe ich stets in der Nähe meiner Ausrüstung, in den Bergen jedoch lasse ich einzelne, versteckte Kameras oft stundenlang unbeaufsichtigt arbeiten. Ich gehe dieses Risiko bewusst ein, auch nachdem der Bergfrieden schon zweimal seine Unschuld verloren hat, als mir jeweils eine Kamera gestohlen wurde. Ärgerlich. Die Chance ist verschwindend klein, dass ich das teure Gerät jemals wiedersehe, geschweige denn, dass die Versicherung dafür aufkommt. Doch ich habe Glück: Der erste Diebstahl geschieht Ende November in Arosa und ist eigentlich «nur» der Präventivschlag eines tüchtigen Kantonspolizisten. Er war noch spät mit seinem Hund unterwegs, entdeckte die Kamera, packte sie kurzerhand ein, samt Stativ – damit sie nicht gestohlen wird, wohlgemerkt.

Gravierender ist der Schock in einer wolkenlosen Perseiden-Nacht Anfang August, wiederum in Arosa (Seite 141). «Tagesschau»-Reporter Marcel Anderwert ist mit dabei und filmt meine Arbeit auf dem Tschuggen oberhalb des Dorfes. Nach kurzer Abwesenheit stellen wir fest, dass eine Kamera fehlt – spukt es hier oben? Wir sind entsetzt, können seinen Beitrag dank der verbleibenden Kameras aber trotzdem aufnehmen. Der Dieb ist indes kein besonders schlauer. Stolz präsentiert er seine Beute noch in derselben Nacht im Aroser Nachtleben, worauf ihn bereits am Tag darauf ein Polizist besucht. Der mit dem Hund. Unglaublich aber wahr, ich bekomme meine Kamera erneut zurück. An dieser Stelle vielen Dank der Bündner Kantonspolizei.

Ganz herzlich bedanken möchte ich mich auch bei allen Menschen, die das Projekt «Helvetia by Night» in den letzten Jahren unterstützt haben, insbesondere bei meiner Freundin und treuen Begleiterin Marcelle Blass, meiner Familie, Keystone und zahlreichen freundlichen Gastgebern in den Bergen. Vielen Dank auch an Mirjam Fischer und Stephen England für die hervorragende, sehr angenehme Zusammenarbeit bei der Gestaltung dieses Buches.

Sie hat noch viele spitze Ecken und Kanten, heisse Hügel und Kurven, die Helvetia, die Schweiz bei Nacht. Ich freue mich darauf, noch mehr davon zu entdecken.

Alessandro Della Bella

↖ Eisblumen auf einem Objektiv bei -25°C am Titlis.
↑ Selbstporträt auf dem Pilatus.
↗ Aussicht auf Eiger, Mönch und Jungfrau von Beatenberg.
← Sommernacht auf dem Fronalpstock.

Autoren

Alessandro Della Bella
Geboren 1978

Leidenschaftlicher Fotograf seit seiner Kindheit. Matura in Chur (Typus C) 1998. Fotografische Wanderjahre bei Foto Homberger in Arosa, Pro Natura Graubünden, WWF Schweiz, Tages-Anzeiger. 2005–2013 Pressefotograf bei Keystone in Zürich. Vielseitige Einsätze in den Bereichen Sport, Wirtschaft, Kultur und Politik im In- und Ausland, darunter Olympische Spiele in Peking und Vancouver. Seit 2013 selbstständig. Pressearbeit und Auftragsfotografie im Bereich Porträt, Natur und Reportage. Dazu eigene Projekte, darunter «Helvetia by Night».

dellabella.ch
helvetiabynight.ch

Guido Magnaguagno
Geboren 1946

Studium der Kunstgeschichte. Konservator und Vizedirektor Kunsthaus Zürich 1980–2001. Über 100 Ausstellungen und Kataloge, u. a. zum Dadaismus, zu James Ensor, Edvard Munch, Ferdinand Hodler, Arnold Böcklin, Giorgio de Chirico. 2001–2009 Direktor Museum Tinguely Basel. Ausstellungen über Marcel Duchamp, Kurt Schwitters, Max Ernst, «Rüstung & Robe» u. a. Seit 1976 Mitglieder der Fotostiftung Schweiz. Viele Ausstellungen und Publikationen zur Fotografie. Seit 2009 freischaffender Ausstellungskurator und Publizist in Brissago und Zürich. Kurator der Ausstellungen: «De Chirico, Magritte, Balthus» im Palazzo Strozzi in Florenz 2009. «Segantini» in der Fondation Beyeler 2011. Mitglied diverser Stiftungen, u. a. Kloster Schönthal, René Burri, Hanny Fries, Wilfrid Moser.

Bibliografische Information der Deutschen Nationalbibliothek

Die Deutsche Nationalbibliothek verzeichnet diese Publikation
in der Deutschen Nationalbibliografie; detaillierte bibliografische Daten
sind im Internet über http://dnb.d-nb.de abrufbar.

© 2013 Verlag Neue Zürcher Zeitung, Zürich

Gestaltung, Layout: Stephen England
Bildredaktion: Alessandro Della Bella, Stephen England, Mirjam Fischer
Textredaktion: Mirjam Fischer

Bildbearbeitung: Alessandro Della Bella, Nina Mattli, Zürich
Prepress: Hürlimann Medien AG, Zürich
Druck, Bindung: Druckerei Uhl GmbH & Co. KG, Radolfzell (D)
Schrift: LL Typ1451 Neue, www.lineto.com

Abbildungen auf den Seiten 125, 127, 129, 131, 133, 169: Copyright KEYSTONE
Schutzumschlag Vorderseite: Panorama mit Monte Rosa, Lyskamm, Castor, Pollux, Zermatter Breithorn, Matterhorn und Weisshorn, aufgenommen vom Gornergrat, 1. Februar 2011.
Schutzumschlag Rückseite: Panorama mit Matterhorn, Weisshorn, Aletschhorn und Aletschgletscher, aufgenommen vom Bettmerhorn, 2. Februar 2011.
Abbildung Überzug: Alessandro Della Bella während der Arbeit auf dem Pilatus, 5. März 2011.

Dieses Werk ist urheberrechtlich geschützt. Die dadurch begründeten Rechte, insbesondere die der Übersetzung, des Nachdrucks, des Vortrags, der Entnahme von Abbildungen und Tabellen, der Funksendung, der Mikroverfilmung oder der Vervielfältigung auf anderen Wegen und der Speicherung in Datenverarbeitungsanlagen, bleiben, auch bei nur auszugsweiser Verwertung, vorbehalten. Eine Vervielfältigung dieses Werkes oder von Teilen dieses Werkes ist auch im Einzelfall nur in den Grenzen der gesetzlichen Bestimmungen des Urheberrechtsgesetzes in der jeweils geltenden Fassung zulässig. Sie ist grundsätzlich vergütungspflichtig. Zuwiderhandlungen unterliegen den Strafbestimmungen des Urheberrechts.

ISBN 978-3-03823-850-8

www.nzz-libro.ch
NZZ Libro ist ein Imprint der Neuen Zürcher Zeitung